土地的分利流转

——以蓉城的改革试验为例

张惠强　著

人 民 出 版 社

目　录

序 ……………………………………………………………… 001

绪　论 ……………………………………………………… 001

一、土地是否可实现分利流转 ………………………… 001

二、诺斯悖论中的国家行为与产权制度 ……………… 004

三、中国改革实践中的政府与产权 …………………… 008

四、一个新的假设 ……………………………………… 012

第一章　改革开放以来我国农村土地制度沿革 ……… 014

一、承包地流转权的发展与保障 ……………………… 015

二、集体建设用地流转的约束 ………………………… 018

三、局部的尝试与探索 ………………………………… 023

四、新时期的改革部署与成效 ………………………… 027

第二章　政府的土地经营制度 ………………………… 033

一、城乡二元地权的形成 ……………………………… 033

二、国有土地的权利发育过程 ················· 036

三、土地经营制度推动城镇化快速发展 ········· 038

四、现行土地制度带来的不利影响 ··············· 041

第三章　土地的分利流转：从启动到谈判 ············· 047

一、土地综合整理项目启动 ················· 048

二、合作社作为项目实施主体 ··············· 055

三、合作社与新星公司的谈判 ··············· 061

第四章　土地的分利流转：从融资到建设 ············· 067

一、贷款融资 ····························· 067

二、新村建设 ····························· 080

第五章　收益分配与政府约束条件的变化 ············· 093

一、新星公司与农户之间的赔付细则 ········· 093

二、项目各方的成本收益 ················· 100

三、政府约束条件的变化 ················· 108

第六章　建设用地自主流转的多种形式 ············· 119

一、金陵二组：灾后重建中的创举 ············· 119

二、指路村："五自模式" ··················· 126

三、集体建设用地自主流转的多种形式 ········· 135

第七章　还权赋能的制度结构及逻辑分析················ 138

一、成都作为统筹城乡和"增减挂钩"的试点··········· 139

二、试点改革的深化:走向"还权赋能"·············· 145

三、社会资本参与灾后重建···················· 152

四、进一步扩大集体建设用地流转的实践············· 159

五、成都农村产权交易所的设立·················· 169

六、融资平台的角色转换····················· 179

七、土地分利流转的进一步条件·················· 189

第八章　结论与展望······················· 198

一、基本结论·························· 198

二、未来展望·························· 200

三、土地的分利流转与财政国家的转型·············· 202

四、以制度性身份为基础的产权安排及其变迁··········· 204

五、土地分利流转与共同富裕··················· 205

参考文献····························· 208

后　记····························· 228

序

在中国的工业化和城市化进程中，土地流转及升值引发的收益分配是一个重要的经济社会问题。它既影响着经济激励的方向、产业配置的格局，也影响到社会成员间公正价值观念的互动，而这两者又构成了未来制度变迁和经济发展的基础。在这方面，目前的多数研究集中于政府对土地的垄断供给和相应的土地财政、土地金融，以及政府强制所带来的冲突。张惠强通过深入的调查，发现在成都的改革试验中出现了一些例外，即一些村庄出现了自主整理集体建设用地、自行流转的现象，并得到地方政府的认可。他利用调查所获得的资料，对这种"异常"现象进行了分析，并以"分利流转"概念统领之，以区别于以往研究关注的垄断流转。这对于土地流转及利益分配的变迁研究，是一个重要的补充。

得益于深入的田野调查，书中详细地阐述了村庄自主流转土地中的几个关键环节，包括：(1)村庄在实现土地自主流转中如何解决向金融机构融资的问题，这种融资方式和土地确权之间是怎样的关系；（2）地方政府何以容忍乃至支持了村庄土地的自行流转，在此过程中地方政府的财政收益和成本的考量如何，引发地方政府行为变化的约束条件发生了怎样的变化；（3）在成都市域内，集体建设用地的自主流转出现和衍生了哪些具体的做法；（4）有怎样一些具体条件和事件促成了"分利流转"现象的形成。

按照人们熟知的产权逻辑，既然农村土地是属于村庄集体所有，那么村庄将属于自己的土地自行用于流转，应是非常自然的事，何以成为值得特别研究的"异常"现象？

这和在中国当今社会中存在的一种特殊产权结构有关。这种产权结构可以被称为"同产不同权"。所谓"同产不同权"，是指在非经个人间有限授权的条件下，不同主体掌握同样的资产时拥有不同的产权结构。例如，在中华人民共和国宪法条文中将土地的所有权分成两类，一类是国家所有，一类是集体所有；农村和城市郊区的土地，除由法律规定属于国家所有的以外，属于集体所有。然而，由于一系列辅助的法律规定，国家和集体这两类主体对土地拥有的产权结构是不同的。国家可以确定哪些土地可以用于耕种之外的建设，而集体却不能对其拥有宪法赋予的所有权的土地做出同样的决定。而一旦集体所有的土地被国家征购为国有土地，国家就可以做这样的决定。这就是说，同样的土地资产，在国家属下和集体属下，被赋予的实际权利是不同的。

目前流行的产权理论对此少有论及。这些理论通常的前提假定是同产同权，即所有的产权主体身份不存在事前规定的制度性不平等。但这个前提假定在中国当今的现实中并非处处存在。制度先赋的同产不同权正是建立在主体身份不平等基础上的。研究中国的产权问题时，这是一个不可回避的现实。由此产生了在流行的产权理论视域之外的一些经济、社会问题。人们所观察到的围绕征地、土地流转、小产权房等出现的一系列博弈、冲突、特殊处理等，都和同产不同权的存在以及对这种制度安排的合理性的或明或暗的质疑密切相关。

更进一步的问题是，何以会产生这样一种同产不同权的产权结构？当然，我们可以追溯历史过程，加以描述。然而，更重要的是需要分析当代中国的产权界定机制是怎样的。不同的产权界定机制常常会导致不同的产权结构。从本书中我们可以看到某种些微的产权界定机制调整，同产不同权的大背景下的"异常"产权现象的产生，与此有关。

这种同产不同权的制度会一直持续下去还是会发生变迁？要理解这个问题，需要考察导致该项制度稳定或变迁的动力机制、面临的约束等等。本书所叙述的故事，正是这种制度的局部的、有限的一个变迁案例。虽然我们不能从个案研究得出变迁扩散的宏观结论，但其中揭示的机制和逻辑不仅在学术研究中有价值，而且在实践方面是值得注意的。

北京大学社会学系教授　刘世定

2021 年 12 月 18 日

绪　论

一、土地是否可实现分利流转

中国的经济改革肇始于农村，人民公社的集体制被包产到户的承包制所取代。按照新制度经济学的解释，制度变迁的最终动力来自于资源相对价格的变动。集体制下的土地产出远不如承包制下的土地产出，粮食产量在改革初期的变动趋势很好地证明了这一点（周其仁，2004；杜润生，2005）。与此同时，投入于农业的资源所获得的收益越来越低于投入工商业所获得的收益，家庭联产承包责任制的实施释放出巨量劳动力，这一积蓄已久的"人口势能"很快就冲破了阻碍人口自由流动的藩篱，他们纷纷涌向城市，尤其是东南沿海的开放城市。这是人们对中国改革开放以来经济腾飞和社会变迁的一般理解。

这一过程投射到土地上的表现是，用于农业的土地所产生的价值越来越低于用于工商业的土地所产生的价值，大规模的工业化和城市化所引发的相对价格变动比此前土地在农业用途上的变动要大得多。从理论上讲，相对价格的剧烈变动要求资源在更为广泛的范围内配置，更多的主体受到价格指引而进入这一过程，围绕着资源配置而形成的分工合作不断深化，最终形成极为丰富的合约体系。在这个过程中，交易秩序的扩展和深化有赖于能够高效动员资源的组织形式以及保护产权的制度结构。从相对价格的变动到良好的经济绩效之间，制度安排起了关键性作用（诺斯、托马斯，2009；诺斯，1994、2008）。

然而，由于中国对土地资源的配置实行全面而严格的管制，工业化和城市化这场本应由大多数社会主体参与的社会变革，最后演变成政府依靠合法垄断土地供给权而排除其他社会主体分享增值收益的过程（黄小虎，2008；蒋省三等，2010；刘守英等，2012；周飞舟，2012；周其仁，2017）。但是，工业化和城市化带来土地价值增值这一信号并不由政府独享，而是被社会各方所感知。在互联网普及的时代，每一次土地招拍挂的结果，都是牵引着利益相关方的神经。价格信号引导人们的行为对之做反应，但政府的管制政策及其实施过程使得这种反应受到极大的抑制。随着城镇化不断推进，这种冲突和矛盾越来越激烈。

现有关于土地增值收益分配的研究主要关注两个方面，一是政府如何从土地中获取利益，从土地财政走向土地金融（陶然等，2009；陶然、汪晖，2010；周飞舟，2012；赵燕菁，2014；路乾，2017）。二是政府征地和低价补偿带来的各种冲突现象（陈映芳，2003；陈晨等，2004；钱忠好、曲福田，2004）。这些研究大多忽略了村庄、企业等非政府主体在土地经营中的获利行为，很少追究政府土地经营背后的约束条件如何形成并发生变化。成都市自2007年以来开始实施统筹城乡综合配套改革，力图通过确权颁证，利用城市化进程中的级差地租，让农民分享城市化收益。有意思的是，在成都改革试验中出现了一些村庄自主整理集体建设用地、未经政府土地部门或融资平台之手而直接转让给外来社会资本，其中所获得的收益大部分在村民内部分配。本书据此提出的研究问题：非政府主体如何分享城市化过程中经由土地流转带来的增值收益。

进一步讲，我们将上述问题分解为四个小问题。

第一个问题，村庄如何自主实施集体建设用地（指标）流转，尤其是其如何解决融资问题，我们通过详述成都市远郊一个村庄集体建设用地自主整理的案例回答这一问题。

第二个问题，建设用地流转所产生的收益如何分配，政府为什么会允许甚至支持这些流转活动，其行为的约束条件发生了什么样的变化，通过各利益相关方的成本收益计算，本书将详细勾勒相对价格变动如何引导人们对其做反应以及随之而来的制度安排变化。

第三个问题，集体建设用地自主流转在成都市范围内有哪些表现形式，这些做法在什么意义上具有普遍性。我们通过两个自主流转案例的简要分析以及成都各类建设用地（指标）流转形式的比较分析，概括其一般性特征。

第四个问题，成都作为全国统筹城乡综合改革配套试验区，其改革实践如何从一开始为农村土地和房屋确权颁证走向允许并支持非政府主体分享城市化带来的土地增值收益，其间各级政府又是如何互动的。本书通过分析成都"还权赋能"改革的制度结构及其内在逻辑回答这一部分的问题。

在研究中，我们特别关注地方政府在土地经营上的"收"与"放"背后的约束条件。我们将会从两个方面对这一约束条件进行考察，一是政府经营土地的成本和收益及其所发生的变化；二是中央政府与地方政府的关系，或者地方政府所获得的来自中央政府的授权范围。在此基础上，讨论成都实践对全国面上的制度变迁的意义，以及未来系统性改革的路径。

二、诺斯悖论中的国家行为与产权制度

按照新制度经济学的理解，制度安排对经济绩效有着重大影响，有效的产权制度（经济组织）是经济增长的关键，这要求对政府行为形成合理的限制。在中国土地流转（尤其是建设用地流转）中，政府是土地非农化使用的

唯一合法供应者，这就排除了其他主体合理分享土地增值收益的权利。在政府"强制征收—高价出让"的征地制度框架下，各利益相关方共同分享土地增值收益的格局如何生成？这涉及国家（政府）行为与产权的关系，因此需要梳理现有的国家行为与产权制度的研究成果，以及中国改革进程中关于政府行为的研究。

诺斯与他的合作者通过研究西方国家现代以来的经济增长指出，安排和确立所有权是经济增长的关键（诺斯、托马斯，1999）。确立和实施所有权的制度安排是需要花费成本的，但有一类组织在这类事务上所花费的成本比其他组织都低，这就是政府或其组织（诺斯、托马斯，1999）。国家提供基本服务有两个目标，一个目标是规定竞争和合作的基本规则，以便为统治者的所得租金最大化提供一个所有权结构；另一个目标是，在第一个目标的框架内，减少交易费用，以便促进社会产出的最大化（诺思，1994）。值得注意的是，这两个目标之间并不完全一致，国家控制产权的倾向需要得到有效的制约，才有可能提供保护产权的服务。

问题的关键是，一个强大到足以保护产权与实施契约的政府，同样也足以强大到没收公民的财产（Weingast，1995）。如何促使政府形成"保护之手"？对这个问题的回答是"诺斯悖论"所开创的新古典国家理论的重要议题。

凯泽和巴泽尔通过研究英国近代以来的国家行为变

化与经济增长历史指出，理性的统治者会对自己与被统治者之间的力量做权衡，以此来决定控制的规模和范围。由于这种力量对比是一种不断变动过程，统治者的行为受到这一不确定的预期的影响。当未来预期越不稳定时，统治者履行承诺的激励就会降低，因此更有可能做出控制行为。反之，当预期稳定时，统治者就会通过一系列制度安排，实现可置信承诺（Kiser 和 Barzel，1991；Barzel，1992、2000）。

温加斯特认为，繁荣的市场、统治者可置信承诺的兑现需要某种形式的"有限政府"（limited government）。有限政府的典型是英美的联邦制，这种制度具有保护市场的功能，由此带来了 18 世纪英国、19 世纪末 20 世纪初美国的经济繁荣。一个有限政府的可置信承诺的核心问题是这些限制必须是自我实施的，换言之，政府官员必须有激励遵守这些限制。联邦主义的制度安排最重要的是限制了政府在经济政策制定中的自由裁量权（discretion），其背后的基础是一种既定的宪政秩序，因而能够保证长期稳定的限制效果，提高了政府承诺的可置信性（Weingast，1995）。

上述两项研究将关注点放在统治者身上，而国家行为事实上还受到了新兴产权及其代理人的影响。巴泽尔认为，民众的集体行动机制是抵制统治者的重要手段。个体在建立了一种集体行动机制之后，才会配备一位统治者来保护自己。这种机制将降低统治者利用保护组织没收他们的财产的机会。如果个体不能在使保护行为具有专业性之前建立集体行动机制，那么，专职保护者很快就会变成一个自身的反面（巴泽尔，2006）。

奥尔森认为，一个国家要达到繁荣强盛就必须形成强化市场型政府（market-augmenting government）。让这种类型的政府提供公共物品的道理与集体行动的逻辑一样，都是一小部分成员（或组织）为其他人谋求福利，而如何对其进行有效激励便成为另一个关键问题。奥尔森提出一个概念来描述这种激励，即让统治者与其所致力推动的经济增长之间具有"共容利益"（encompassing interests）（奥尔森，2005、2007）。

不管是从统治者入手，还是从社会团体入手，一个倾向于控制的国家及其代理组织最终转向保护产权以实现间接收入最大化的根本原因是，政府的控制倾向受到某种力量的制约。这种力量或来自统治者对未来收益的不稳定预期，或来自政治体制本身的分权制衡，也有可能是新兴产权及其代理人的集体行动。毫无疑问，一个国家实现这一转变往往意味着重大的变革，需要很长时间（麦克法兰，2013）。改革开放以来的中国经济增长与社会变迁也经历了国家行为与产权制度的变化，其中尤为重要的是，在原有的公有体制中逐步生成了私有财产权利（周其仁，2004）。相对价格变动的原动力如何最终导致全面公有化体制中私有产权的生成？这一历史巨变可以通过不同的视角加以理解，本书从国家行为与产权制度的关系角度切入理解，特别关注政府行为及其约束条件的变化过程。

三、中国改革实践中的政府与产权

改革开放以来，地方政府在推动经济发展中发挥至关重要的作用。如何看待政府在经济发展中的扮演的角色，是研究中国改革开放进程的重要议题。美国学者戴慕珍（Jean Oi）提出的"地方政府公司主义"（local state corporatism）视角（Oi，1992、1995、1999）对此作出了奠基性工作。在戴慕珍看来，20世纪80年代中国经济高速增长，一个重要的原因是在"财政包干制"的制度约束下，地方政府有极强的激励发展地方经济，乡镇企业便是这个时期迅速成长起来的。地方政府推动经济发展就像企业家经营公司一样，遵循着市场竞争的一般规则。在公司主义的分析框架中，中国地方政府成为一个个分立的市场主体，中央政府在其中所起的作用相对比较弱。

"地方政府公司主义"内含两个前提假定，一是地方政府获得财政剩余支配权之后，相当于市场经济中产权明晰界定到个人，对经济行为主体形成充足的激励；二是地方政府作为分立的市场主体，中央政府对其的影响较小，或者说地方政府拥有中央政府的充分授权。第一个假

定延续了新古典经济学对私有产权在市场中的作用的理解
(Wong，1987、1988、1992；Byrd，1990；Byrd 和 Gelb，
1990)，与"保护市场的联邦主义"视角共同开辟了从财
政制度变化（特别是集权与分权之间的变化）研究地方政
府行为的新领域，形成了一批有着相当影响力的研究成果
(Montinola 等，1995；Qian 和 Weingast，1997；Qian 和
Roland，1998；Lin 和 Liu，2000；Jin 等，2005；Zhang，
2006；张晏、龚六堂，2005)。第二个假定则面临着不少
挑战，原因在于对地方政府所拥有权限的理解存在极大的
差异。事实上，在中央政府与地方政府的关系中，地方政
府的权力受到极大的限制。在财政包干制下，地方政府拥
有财政收入的部分分配权和财政支出的安排权。中央政府
掌握着决定税种、税基和税率的权力，所以地方政府的收
入与剩余支配权在很大程度上受制于中央政府所确定的财
政分配体制。(周飞舟，2006、2012)。

　　"保护市场的联邦主义"理论将地方政府作为一个整
体加以分析，财政分成和行政分权是在政府机构层面发生
的，地方官员的激励和行为在这个意义上仍然清清楚楚。(周
黎安，2008)。对地方政府官员的激励和行为研究一方面
有助于深入理解中央和地方的"集权—分权"关系，特别
是厘清财政分权在什么条件下发生何种作用；另一方面则
将"地方政府公司主义"的研究视角提升到经济增长的政
治经济学解释上来，从地方官员的激励和行为角度研究中

国地方政府内部治理结构（Maskin，Qian 和 Xu，2000；Blanchard 和 Shleifer，2001；Huang，2002；Bo，2002；白苏珊，2009）。周黎安对地方政府官员的激励和行为进行了系统的研究，他考察了中国经济的高速增长及其长期累积的各种问题与中国地方官员的激励和政府治理的独特制度之间的关系。

应该说，以上激励机制在不同层面抓住了中国经济持续高速增长的原因与机理，而且努力为我们理解和把握中国改革开放以来的经济发展及其面临的问题提供一以贯之的解释逻辑。但需要指出的是，中国作为一个大国，内部各地区之间的差异性极大。这些差异来自两个方面，一是自然资源禀赋的差异，比如东部地区与中西部的差异；二是政策资源的差异，比如不同层级的政府可能拥有不同的资源动员能力。中央政府在制度安排中往往赋予某些地区以特定的权利，以此探索改革和发展的实践路径，然后再将成功经验向全国推广。这些拥有"先行先试"权利的地区所具备的资源动员能力与政策执行能力往往构成其发展优势的一部分。此外，政策优势最后带来什么样的结果，各个地方则是千差万别。

试点（政策试验）是改革开放以来中央政策经常采用的政策手段，通过把来自基层的建议和地方积累的经验注入国家政策而促进制度创新。德国学者韩博天注意到，中国的"分级制试验"（experimentation under hierarchy）这种中央和地方之间的互动机制在经济改革中起到了关键性作用。"由点及面"（proceeding from point to surface）的改革方法论既保证了地方实践在政策制定和实施过程中的基础性作用，同时又不会削弱中央的主导权。一旦试验成功，中央政府就会从中提炼"典型经验"，之后通过密集的媒体报道、高规格的经验交流以及参观互访活动，将其加以推广，并号召更多地区学习效仿（韩博天，2008、2010；Heilmann，2008）。这种政策试验方法具有一定的渐进性，为中国政府的政策制定和执行注入了极大的灵活性和适应力，同时使得中国经济转型过程在很大程度上避免了大规模社会震荡（Rawski，1995；Dewatripont 和 Roland，1995；Roland，2000；Mukand 和 Rodrik，2005；林毅夫等，2012）。

政策试验的关键特征是由地方政府通过具体的实践探索具有全局性意义的改革和发展路径。中国许多重要的改革都是经历了"地方试验—中央认可—全面推广"的过程，比如农村家庭联产承包制改革、乡镇企业发展、民营经济成长、外贸体制改革、用工制度改革、土地使用权转让、经济特区、行政体制改革等（周黎安，2008；科斯、王宁，2013）。在某些领域，政策试验有效地刺激了政策学习和经济扩张，这些政策试验往往是与地方政府本身的利益相一致的，比如经济特区的设立、外贸体制改革、土地使用权转让改革等。但政策试验并不总是能成功，在提供社会公共产品方面，政策试验往往难以获得理想效果（韩博天，2008）。

政策试验（试点）到底会朝什么方向演进，是一个事先无法确定的问题。在这个过程中，有两个因素深刻影响着地方政府的行为，一是地方政府自身的成本收益考量，二是中央政府对其的授权范围，后者会间接影响前者。引入政策试验、地方政府异质性的维度之后，政府与产权的关系变得更为复杂，需要考虑的主体变成三个，即中央政府、地方政府以及各类产权主体。由此可见，我们需要一个新的假设来统合地方政府行为变迁的研究思路。

四、一个新的假设

本书所研究的案例发生在成都市，2007年6月，成都市与重庆市一道被国家发改委批复为统筹城乡综合配套改革试验区，国家发展改革委要求成都市"在重点领域和关键环节率先突破、大胆创新"。新世纪以来，中央政府在政策文件中多次提出"缩小城乡差距""城乡一体化""统筹城乡"等，在实际工作中使用的手段多是财政专项资金向涉农领域倾斜。作为改革试点的成都和重庆，除了中央的转移支付外，市一级财政也要付出一定的代价，配合相关转移支付项目，或者自行投入资金。从某种意义上讲，统筹城乡作为中央政府的施政战略，在地方政府看来就是提供一种准公共产品。

在政绩激励和地方竞争双重压力下，地方政府大力需要增加财政收入才能完成统筹城乡的一系列投入。在"以地谋发展"的地方政府（刘守英，2012）手中，加强对土地资源的掌控以便通过土地出让获取资金是便捷的办法，这部分收入用于涉农投入才能完成财政上的平衡。此外，成都的改革试验是在政府垄断工商业土地合法供应的土地制度下进行的，集体建设用地自主流转的做法显然与政府租金最大化的追求相冲突，为什么政府允许进而保护这些做法？如何解释由此引发的一系列"悖论"？

接着新古典国家理论及对中国改革经验的研究，本书提出一个新的假设：在层级政府的选择性放权制度条件下，新兴产权主体寻求保护产权的努力有可能与地方政府租金最大化的追求之间达成一致。新兴产权因应资源相对价格变动而生成，但产权保护需要得到国家（政府）的认可。层级制下的国家可以简化为中央和地方两级，两级政府对新兴产权的认可存在不一致的可能，因为两级政府的目标函数不同。当新兴产权与地方政府租金最大化之间形成互利格局时，如果新兴产权得不到中央政府的认可，地方政府则会与新兴产权主体联合起来寻求更大范围的产权认可与保护。

第一章　改革开放以来我国农村土地制度沿革

改革开放以来，随着家庭联产承包责任制的实施、乡村工业化的勃兴，中国的城乡发展差距一度缩小。近年来，由于劳动力等生产要素在城乡之间实现自由流动，各种资源加速向城市聚集，城乡之间的差距不断被拉大。城乡差距是城乡二元产权结构的经济后果，城市的许多资源和资产能够通过市场化实现优化配置，而农村却做不到。其中，最重要的资源是土地，可以说，城乡二元土地制度对土地资源的配置效率及城乡收入差距有着关键的影响。

一般认为，经济发展是大规模资源交换的结果，资源的合法顺利转让是现代市场经济的核心内容。在城市化急速发展的历史机遇面前，中国农村的大量土地无法对之做出反应。进一步看，如果将农村土地简要分为耕地和建设用地两大类，可以清楚地发现，在用途管制的约束条件下，耕地的使用、收益、流转等方面已经有了相当明确的法律和政策规范。与此形成鲜明对比的是，到目前为止，关于农村集体建设用地的开发利用仍然存在严格的限制，尤其是在流转方面的限制。工业化与城市化所需的土地绝大部分来自农地转用，唯一合法的转用通道由政府征用。由此导致城乡收入差距被拉大，围绕土地问题引发的各类社会矛盾日益成为不可忽视的负面因素。

一、承包地流转权的发展与保障

1988 年修订的《宪法》所规定的"土地的使用权可以依照法律的规定转让"突破了用地制度的行政束缚，但不同类别的土地转让所受到的限制并不一样。承包地的流转早在 1984 年的中央一号文件就有相关规定，即鼓励土地逐步向种田能手集中①。2002 年《中华人民共和国农村土地承包法》更是以法律的形式保障农地流转，规模经营成为政府倡导的农地经营方向并予以补贴。2007 年颁布的《物权法》将土地承包经营权界定为"用益物权"，即非所有人对他人之物所享有的占有、使用、收益的排他性的权利。

2008 年党的十七届三中全会提出，"赋予农民更加充

---

① 具体规定是：社员在承包期内，因无力耕种或转营他业而要求不包或少包土地的，可以将土地交给集体统一安排，也可以经集体同意，由社员自找对象协商转包，但不能擅自改变向集体承包合同的内容。转包条件可以根据当地情况，由双方商定。在目前实行粮食统购统销制度的条件下，可以允许由转入户为转出户提供一定数量的平价口粮。

分而有保障的土地承包经营权，现有土地承包关系要保持稳定并长久不变"。党的十八届三中全会进一步提出，"稳定农村土地承包关系并保持长久不变，在坚持和完善最严格的耕地保护制度前提下，赋予农民对承包地占有、使用、收益、流转及承包经营权抵押、担保权能，允许农民以承包经营权入股发展农业产业化经营。鼓励承包经营权在公开市场上向专业大户、家庭农场、农民合作社、农业企业流转，发展多种形式规模经营。"

2015 年 8 月，国务院出台《关于开展农村承包土地的经营权和农民住房财产权抵押贷款试点的指导意见》，要求在防范风险、遵守有关法律法规和农村土地制度改革等政策基础上，稳妥有序开展"两权"抵押贷款试点。应该说，农村土地在农业用途范围内的流转已经得到充分的保障，现实中的流转障碍相对较小，城市资本的不断涌入也给农地转包经营带来新的组织形式和收益渠道。截至 2018 年 9 月末，全国 232 个试点地区已有 1193 家金融机构开办农地抵押贷款业务，农地抵押贷款余额520 亿元，累计发放 964 亿元。试点开展进一步盘活农村资源资产，推动土地流转规模明显增加，促进农业经营由分散的小农生产逐步向适度规模经营转变。黑龙江省 15 个农地抵押贷款试点地区耕地流转率较试点前提高6 个百分点。试点以来，融资额度显著提高，效率有效提升，成本逐步下降。普通农户贷款额度由试点前的最高 10 万元提高至 50 万元，对新型农业经营主体的贷款额度由试点前的最高 1000 万元提高至 2000 万—5000 万元不等①。

2018 年底，第十三届全国人大常委会通过对《农村土地承包法》的修订，并于 2019 年 1 月 1 日起施行。这是 2002 年《农村土地承包法》颁布实施之后第二次修订，根据实践探索进展及中央文件规定，对承包地"三权分置"②、稳定土地承包关系③、土地经营权流转和融资担保④、维护进城务工和落户农民的土地承包权益⑤等内容进行修订。2004 年农村承包地流转面积为 0.58 亿亩，到 2018 年，全国家庭承包耕地流转面积超过了 5.3 亿亩。农村土地流转有力地推动了农业规模化发展，充分发挥适度规模经营在规模、资金、技术、信息、人才和管理等方

① 《国务院关于全国农村承包土地的经营权和农民住房财产权抵押贷款试点情况的总结报告——2018 年 12 月 23 日在第十三届全国人民代表大会常务委员会第七次会议上》。
② "三权分置"即在坚持农村土地集体所有的前提下，促使承包权和经营权分离，形成所有权、承包权、经营权三权分置，经营权流转的格局。
③ 耕地承包期届满后再延长三十年。
④ 土地经营权可以依法采取出租（转包）、入股或者其他方式流转；承包方可以用承包地的土地经营权向金融机构融资担保；受让方通过流转取得的土地经营权，可以向金融机构融资担保。
⑤ 国家保护进城农户的土地承包经营权。不得以退出土地承包经营权作为农户进城落户的条件。承包期内，承包农户进城落户的，引导支持其按照自愿有偿原则依法在本集体经济组织内转让土地承包经营权或者将承包地交回发包方，也可以鼓励其流转土地经营权。

面的优势，引领和加快推进现代农业建设 ①。

二、集体建设用地流转的约束

（一）农地非农用途受限

农村中非农用地的流转情况如何呢？非农用地的转让理论上讲应该包含城市国有土地以及农村集体建设用地，但在实际操作中，国家只出台了国有土地的转让规定 ②，而农村集体建设用地的转让一直受到严格的限制。

在 20 世纪 80 年代，随着农村改革的不断发展，村庄建设用地面积不断扩张，包括农民宅基地和乡镇企业占地。以乡镇企业较为发达的苏州地区为例，从 1978 年到 1980 年，耕地减少了 21 万亩，国家建设占用 8.7%，社队企业（后来统称为"乡镇企业"）占地 34.7%，农民建房占 25.2%。1978 年全国乡镇企业用地 235.5 万亩，1985 年达到 844.5 万亩，用地规模扩大了 2.6 倍。1978 年到 1979 年，全国农村建房 4 亿平方米，1980 年为 5 亿平方米，1981—1985 年平均每年 6 亿平方米以上（蒋省三等，2010）。

1987 年开始实施的《土地管理法》给农村土地进入

---

① 国家统计局：《农业生产跃上新台阶　现代农业擘画新蓝图——新中国成立 70 周年经济社会发展成就系列报告之十二》，http://www.stats.gov.cn/ztjc/zthd/sjtjr/d10j/70cj/201909/t20190906_1696321.html。

② 即《中华人民共和国城镇国有土地使用权出让和转让暂行条例》。

非农建设保留三个口子，即在符合乡（镇）村规划、经县级人民政府批准的条件下，可以进行"农村居民住宅建设，乡（镇）村企业建设，乡（镇）村公共设施、公益事业建设"。1998年修订出台的《土地管理法》旗帜鲜明地提出了"用途管制"这一用地原则，其第四条规定："国家实行土地用途管制制度。国家编制土地利用总体规划，规定土地用途，将土地分为农用地、建设用地和未利用地。严格限制农用地转为建设用地，控制建设用地总量，对耕地实行特殊保护。"与此同时，《土地管理法》第四十三条规定，"任何单位和个人进行建设，需要使用土地的，必须依法申请使用国有土地"。国有土地成为非农建设的前置条件。农村集体建设用地理论上保留1987年所开的三个口子，但事实上已经大大收缩。

随着乡镇企业改制的不断深化，兴办乡镇企业占用集体建设用地这一通道日益缩窄。乡（镇）村公共设施和公益事业所占用的土地在农村集体建设用地总量上所占比例不大，而且其价值增值难以体现。农民所建设的宅基地在目前的法规政策框架下并不具备进入市场交易的合法性。由此可见，虽然《土地管理法》对农地的非农化利用开了三道合法的口子，但这些利用方式几乎无法实现与国有土地一样的权能，不能直接进入市场交易。此外，1997年我国开始实施用地指标审批管理，中央下达给省一级政府的用地指标与现实中的需求差距甚大。省政府自然将紧缺的用地指标用于级别较高的城市，级别较低的市县获得的指标数量很少，农村建设用地则更加稀少（蒋省三等，2010）。

（二）抵押担保功能受限

国有土地的抵押担保功能在今天看来已经是习以为常的事情，但集体建设用地的抵押功能却始终没有得到法律的正式承认。1995年10月1日起施行的《中华人民共和国担保法》第三十四条规定，抵押人依法承包并经发包方同意抵押的荒山、荒沟、荒丘、荒滩等荒地的土地使用权可以用于抵押。第三十六条规定，乡（镇）、村企业的土地使用权不得单独抵押。以乡（镇）、村企业的厂房等建筑物抵押的，其占用范围内的土地使用权同时抵押。第三十七条则明确规定，耕地、宅基地、自留地、自留山等集体所有的土地使用权不得用于抵押。随着市场经济的不断发展，越来越多的物质形态的资产将会转化为金融资产，土地作为实物资产的载体，其融资功能对于土地所有者或使用者来讲至关重要。由于建设用地无法作为抵押物，农村正规金融很难发育，这就严重地阻碍了资本市场的深化，对中国市场经济的顺理成章十分不利（文贯中，2008）。

2004年，国务院出台《关于深化改革严格土地管理的决定》，第十条规定："在符合规划的前提下，村庄、集镇、建制镇中的农民集体所有建设用地使用权可以依法转移。"该文件第一次明确规定了集体建设用地使用权流转的条件和范围。但是仅仅过了三年，2007年国务院办公厅发布《关于严格执行有关农村集体建设用地法律和政策的通知》，明确规定："农村住宅用地只能分配给本村村民，城镇居民不得到农村购买宅基地、农民住宅或'小产权房'。"

由此可见，集体建设用地只能是由集体成员自用，以及范围极小的流转，影响了土地市场的资源配置效果。在一些学者和政策界人士看来，土地所有权的稳定对整个社会经济秩序的稳定具有特别重要的作用。不到迫不得已，政治家一般不会选择以变更土地的所有权来作为促进经济发展的手段。而事实上，通过土地制度中其他环节的变革（比如使用环节），也完全可以起到弥补土地所有制本身的缺陷和不足的作用（陈锡文，1993）。

（三）"小产权房"问题

集体建设用地没有直接入市的合法通道，带有明显歧视性的制度安排使得村集体和农户难以对土地非农化利用及其价值增值做出合法的反应。然而，法规政策的规定并没有阻碍客观的市场规律对人们的激励作用。在全国各大中城市的周边，农村集体建设用地上盖房子并向非集体组织成员出租、出售的现象比比皆是。这些房屋被称为

"小产权房"。由于未经过国家征用并招拍挂等国有土地使用权出让等程序，"小产权房"没有缴纳土地出让金等费用，其售价一般比同一地段的商品房低。在过去若干年里，城市房价节节攀升的情况下，即便由于无法获得银行的按揭贷款而只能一次性付款，"小产权房"的低价对于许多潜在的购房者来讲具有极大的引诱力。

既然"小产权房"已经明显违反了《土地管理法》等相关法律，那么这种现象是不是得到相应的惩罚？现实并非如此。政府更多只是发布"小产权房不受法律保护"等通告，对某些"小产权房"进行运动式清理，"小产权房"在各地还是屡禁不止。全国工商联房地产商会一份研究报告披露，1995年至2010年间全国小产权房竣工建筑面积累计达到7.6亿平方米，其中"十一五"时期小产权房竣工规模达到2.83亿平方米。

2012年初，国土资源部联合相关部门，选择北京、上海等"小产权房"问题相对突出的城市，开展试点清理工作。在政策执行过程中发现，许多地方的"小产权房"变身为"生态乡村酒店""民俗旅游用房""产权式酒店公寓""养老公寓""木屋别墅"等，还有一些地方授予购房者"荣誉村民"，通过这些设计精妙的做法逃避政策法规的约束。

大多"小产权房"涉及社会多方利益，强硬的清理工作可能激化社会矛盾，带来难以预料的社会后果。如何处理这一困境，达成一个多方受益的格局？还有待我们深入研究。唯有确保政府、农村集体、农户以及土地使用者的利益都得到合理保障，才是可持续的解决之道。

三、局部的尝试与探索

20 世纪 90 年代以来，全国不少地方进行了集体建设用地流转试点，取得了一定成效。但是，由于这些地方的改革并没有触及基本的土地产权制度框架，其所赋予村集体与农户的权能仍然有一定的局限。

（一）乡镇企业及其配套用地突破

1996 年苏州市政府出台《苏州市农村集体存量建设用地使用权流转管理暂行办法》（下文简称《暂行办法》），开启了集体建设用地流转的进程。苏州集体建设用地流转与乡镇企业改制分不开，在改制过程中，为了使乡镇企业所使用的土地纳入统一的资产管理，政府要求企业更换土地使用权人。《暂行办法》第六条规定："乡（镇）范围内集体经济组织内部的企业兼并、转换经营机制、改变企业组织结构及公益事业设施用地等情况造成土地使用权属或实际使用者发生变更的，可通过办理权属变更审批手续和权属登记手续转换土地使用权或实际使用者。企业转让、出租、作价入股举办外商投资企业或内资联营企业和跨乡

（镇）组建企业集团公司或股份合作公司等情况造成土地使用权流转的，必须通过集体建设用地流转的办法转换土地使用权属或更换实际使用者。"由于当时的土地政策相对较为宽松，苏州大多数乡镇企业完成改制，并且办理了集体建设用地流转手续。据统计，从 1996 年至 2006 年的十年内，全市共流转农村集体建设用地约 5333 公顷，其中有三分之一掌握在村里，为集体经济的发展奠定坚实的基础。

此外，值得注意的是，苏州在确定集体建设用地流转的范围和对象时对规划区内外的土地采取了区别对待。《暂行办法》第五条规定："苏州市城区规划区、县级市人民政府所在地的镇以及国家、省级开发区范围外的集体建设用地，可以实行流转。上述区域范围内的集体建设用地必须征用为国有土地后，按有关规定实行出让或划拨。"这一规定某种意义上限定了政府和集体权利的空间边界，在日后的土地使用上有了明确的预期，直至今日仍然具有深刻的借鉴意义。

1999 年 11 月，国土资源部批准安徽省芜湖市开展农民集体所有建设用地使用权流转试点。芜湖市出台了《芜湖市农民集体所有建设用地使用权流转管理办法》（下文简称《管理办法》），之后选择在 5 个镇进行封闭试点工作。2003 年 4 月，流转试点扩大到 15 个镇。2006 年 2 月起，集体建设用地流转工作在全市铺开。《管理办法》第八条规定："试点乡镇建设用地范围内各项建设用地，除依法必须征用转为国有外，可以不改变集体所有权性质，办理集体土地使用手续。"这就给农村集体建设用地的流转增加了一点制度弹性。

芜湖市的试点工作最重要的特点是由乡镇政府负责本行政区域内的镇域规划、农民集体所有建设用地使用权流转等具体工作。《管理办法》第九条规定："乡（镇）村办企业、公共设施、公益事业、个体工商户、私营或者联户办企业以及农村村民建住宅等使用农民集体所有的土地，应当依法办理建设用地审批手续。经批准的集镇建设用地，可以由乡镇人民政府统一开发，采用招标、拍卖等方式提供土地使用权。"经过流转之后，按照"三个集中"的原则（工业向园区集中、农业向规模集中、居住向城镇集中）落实土地利用总体规划，盘活了存量土地和闲置土地，提高了集体建设用地的利用效率。但是从集体建设用地流转收益分配的角度来看，芜湖市的试点政策并没有清楚地体现出保护村集体及农户权益的做法。《管理办法》明确规定，土地使用者应当向市、县人民政府缴纳一定比例的土地流转收益（第二十五条）。并且强调，"按照'谁所有，谁投入，谁受益'的原则，在土地所有者与市、县、乡（镇）人民政府之间进行分配。"从这个角度来看，芜湖市的试点政策仍然具有一定的局限，需要进一步明确的是，农户和村集体在集体建设用地流转过程中的利益如何界定以及保障。

（二）走向地方立法

2001 年 10 月，国土资源部和国务院法制办批准广东省顺德市为农村集体土地管理制度改革试点。2003 年，广东省政府下发《关于试行农村集体建设用地使用权流转的通知》（下文简称《通知》）。2005 年 6 月，广东省颁布《广东省集体建设用地使用权管理办法》（下文简称《管理办法》）。《管理办法》明确规定：集体建设用地使用权可以依法出让、出租、转让、转租和抵押；在符合国家有关产业政策及各类规划的前提下，兴办各类工商企业，包括国有、集体、私营企业，个体工商户，外资投资企业（包括中外合资、中外合作、外商独资企业、"三来一补"企业），股份制企业，联营企业等可以使用集体建设用地。

广东省集体建设用地流转采取较为务实的措施，承认在改革开放以来自发流转农村集体建设用地使用权的行为屡有发生，在数量和规模上有不断扩大的趋势。在这种情况下，政府因势利导，对流转进行规范，强调了集体的主体地位。难能可贵的是，只要集体建设用地获得依法批准、符合各类规划、办理登记并拥有土地权属证书、界址清楚，就可以出让、转让、出租和抵押，并享有与城镇国有土地使用权同等的权益。广东省的这些探索为逐步实现国有土地和农民集体土地"同地、同价、同权"，切实保护农民的合法权益，建立和完善统一、规范的土地市场积累了经验。

在流转收益分配方面，广东的探索走在前列。《管理办法》第二十五条规定，集体土地所有者出让、出租集体建设用地使用权所取得的土地收益应当纳入农村集体财产统一管理。其中50%以上应当存入银行（农村信用社）专户，专款用于本集体经济组织成员的社会保障安排，不得挪作他用。而此前的《通知》规定，剩余的50%左右，一部分留于集体发展村集体经济，大部分仍应分配给农民。鼓励农民将这部分收益以股份方式，投入发展股份制集体经济。这些规定明确了村集体和农民在流转中的利益，有利于壮大集体经济，为其他地方的试点乃至全国的改革提供了较好的参考样本。

值得注意的是，正因为通过地方立法规范了流转行为，广东部分民营企业还可以利用集体建设用地作为募投项目用地上市。比如，2017年3月27日IPO的香山股份（002870）、2017年1月13日IPO的尚品宅配（300616）等。通过这些案例可以发现，广东由于有省级法规支撑，层级较高且属于土地流转试点区域，证监会在审核实务中，只要发行人按广东当地法规完善了集体土地流转程序，还是可以被认可，不会成为IPO的实质性障碍。

四、新时期的改革部署与成效

进入21世纪，我国经济持续快速增长，工业化和城镇化加速推进，征地制度不断完善，"土地财政"驱动的发展模式在全国大规模推开。除了广东等少数地方，集体建设用地流转改革进展不大。本书所研究的成都统筹城乡改革正是在这样的背景下开展的探索，为后来全国面上的试点及相关领域的改革提供了经验借鉴。

（一）"三块地"试点改革

2013 年 11 月，党的十八届三中全会通过了《中共中央关于全面深化改革若干重大问题的决定》，对新时期土地制度改革（特别是农村集体建设用地入市流转）作出了新的部署。在"加快完善现代市场体系"方面，提出"建立城乡统一的建设用地市场"①。在"健全城乡发展一体化体制机制"方面，提出"赋予农民更多财产权利"②。

2014 年 12 月 2 日，习近平总书记主持召开中央全面深化改革领导小组第七次会议，对农村土地制度改革作出部署，划定了改革的三条底线，即坚持土地公有制性质不改变、耕地红线不突破、农民利益不受损。在此基础上，

---

① 具体来讲，即在符合规划和用途管制前提下，允许农村集体经营性建设用地出让、租赁、入股，实行与国有土地同等入市、同权同价；建立兼顾国家、集体、个人的土地增值收益分配机制，合理提高个人收益；完善土地租赁、转让、抵押二级市场。

② 具体来讲，即保障农户宅基地用益物权，改革完善农村宅基地制度，选择若干试点，慎重稳妥推进农民住房财产权抵押、担保、转让，探索农民增加财产性收入渠道。

统一部署农村土地征收、集体经营性建设用地入市、宅基地制度改革试点。2015 年 1 月 10 日，中共中央办公厅、国务院办公厅联合印发《关于农村土地征收、集体经营性建设用地入市、宅基地制度改革试点工作的意见》，开启了"征地制度""集体经营性建设用地""宅基地"这"三块地"的改革进程①。2015 年 2 月，全国人大常委会授权国务院在北京市大兴区等 33 个试点县市区暂时调整实施有关法律规定，试点正式开始实施。

　　土地制度改革伴随着改革开放全过程，新时期以"三块地"为核心的改革试点具有三个不同于以往的特点：一是推进层次更高，由中共中央办公厅、国务院办公厅联合发文，由全国人大常委会正式授权。这意味着此次的农村土地制度改革是在中央统一思想下的各部门联动，必将突破之前主管部门单打独斗的局限，从而加快农村土地制度改革的步伐。二是中央首次明示改革底线，明确划定改革"红线"，确保改革的正确方向。三是在"全面推进依法治国"的背景下展开，更加强调"法治土改"，确保改革依法稳步推进，其中一个明显的标志便是农村土地制度改革试点首次采取全国人大授权模式（宋志红，2017）。

---

① 农村土地征收、集体经营性建设用地入市、宅基地改革，简称"三块地"改革。

（二）入市改革的成效

2017年10月和2018年11月，原国土资源部两次向全国人大申请试点延期，至2019年底试点结束。"三块地"改革试点中，农村集体经营性建设用地涉及主体相对较少，推进的阻力较小。截至2018年底，33个试点县（市、区）集体经营性建设用地已入市地块1万余宗，面积9万余亩，总价款约257亿元，收取调节金28.6亿元，办理集体经营性建设用地抵押贷款228宗38.6亿元①。

在探索入市主体、入市途径和范围、完善市场交易规则和服务监管制度、完善集体经营性建设用地使用权权能、入市土地增值收益分配机制等方面的成果丰硕。在入市途径方面，形成几类典型模式，比如北京市大兴区的"土地股份合作社"模式、四川省成都郫县的"村集体资产管理公司"模式、贵州省湄潭县的"村民委员会主导"模式、浙江省德清县的"股份经济合作社、联合社"模式。在制度建设方面，试点地区大多明确了入市条件和范围，形成了比较完善的政策体系，建立了入市交易的管理办法和交易规则，不少试点地区参照国有建设用地市场交易制度，建立了集体经营性建设用地入市的管理措施。在

---

① 《国务院关于农村土地征收、集体经营性建设用地入市、宅基地制度改革试点情况的总结报告——2018年12月23日在第十三届全国人民代表大会常务委员会第七次会议上》，http://www.npc.gov.cn/npc/c12491/201812/3821c5a89c4a4a9d8cd10e8e2653bdde.shtml。

增值收益分配方面，试点地区提出了不同的分配方案，为兼顾国家、集体和农民三者的利益，2016年4月，财政部、原国土资源部印发《农村集体经营性建设用地土地增值收益调节金征收使用管理暂时办法》，正式确认了具有普遍适应性的调节金征收管理制度。《暂行办法》规定，对农村集体经济组织通过出让、租赁、作价入股或出资等方式取得农村集体经营性建设用地入市收益要征收调节金，对入市后的农村集体经营性建设用地土地使用权人以出售、交换、赠与、出租、作价入股或出资，或其他视同转让等方式取得的再转让收益，应向国家缴纳调节金（黄征学等，2019）。

根据"三块地"改革试点探索经验，全国人大对《土地管理法》相关条款进行修订，并于2020年1月1日起正式实施。新的《土地管理法》删除了原第四十三条，即"任何单位和个人进行建设，需要使用土地的，必须依法申请使用国有土地；但是，兴办乡镇企业和村民建设住宅经依法批准使用本集体经济组织农民集体所有的土地的，或者乡（镇）村公共设施和公益事业建设经依法批准使用农民集体所有的土地的除外"。新增第六十三条，即"土地利用总体规划、城乡规划确定为工业、商业等经营性用途，并经依法登记的集体经营性建设用地，土地所有权人可以通过出让、出租等方式交由单位或者个人使用……通过出让等方式取得的集体经营性建设用地使用权可以转让、互换、出资、赠与或者抵押，但法律、行政法规另有规定或者土地所有权人、土地使用权人签订的书面合同另有约定的除外。集体经营性建设用地的出租，集体建设用地使用权的出让及其最高年限、转让、互换、出资、赠与、抵押等，参照同类用途的国有建设用地执行。具体办法由国务院制定。"待农村集体经营性建设用地入市实施细则出台后，各地才能开展具体工作（张惠强，2020）。

第二章　政府的土地经营制度

一、城乡二元地权的形成

1982 年《宪法》奠定了当前中国土地制度的基本原则，此后两次修正案（1988 年与 2004 年）以及《土地管理法》等法规政策的出台是在此框架下进行的具体化操作。

1982 年《宪法》第十条规定："城市的土地属于国家所有。农村和城市郊区的土地，除由法律规定属于国家所有的以外，属于集体所有；宅基地和自留地、自留山，也属于集体所有。"自此之后，土地的城乡二元结构在国家根本大法的规定下得以发挥作用[1]，深刻影响着改革开放之后的土地管理制度、地方政府行为，甚至是宏观经济和社会发展。

据当时参与修订宪法的学者回忆，关于土地制度的"宪法原则"的制定充满争议（许崇德，2005）。不管争议

---

[1]　对于"城市土地属于国家所有"这一规定在法理学上是否具备坚实的基础，不少学者提出疑问（参见王维洛，2007；张千帆，2012）。

结果如何，最终形成的是"城市土地归国家所有，农村土地归集体所有"的土地所有权结构。

根据《国家建设征用土地条例》规定，国家进行经济、文化、国防建设以及兴办社会公共事业，使用的是划拨土地。具体而言，征地申请经批准后，由所在地的县、市土地管理机关根据计划建设进度一次或分期划拨土地。在很长一段时间内，土地使用权划拨是土地非农化利用的主要形式[1]。划拨土地最重要的特点有三个，一是无偿性[2]，二是不可转让性[3]，三是无期限性[4]。按照法律规定，划拨土地

---

[1] 不同的法规政策关于划拨土地的界定存在相互矛盾的地方（杨沛川等，2004）。1990年5月19日，国务院颁布的《中华人民共和国城镇国有土地使用权出让和转让暂行条例》第四十三条规定，划拨土地使用权是指土地使用者通过各种方式依法无偿取得的土地使用权。当然，土地使用者应当依照《中华人民共和国城镇土地使用税暂行条例》的规定缴纳土地使用税。1992年3月8日，国家土地管理局颁布《划拨土地使用权管理暂行办法》，规定："划拨土地使用权，是指土地使用者通过除出让土地使用权以外的其他各种方式依法取得的国有土地使用权。"1995年1月1日施行的《中华人民共和国城市房地产管理法》第二十二条规定，土地使用权划拨，是指县级以上人民政府依法批准，在土地使用者缴纳补偿、安置等费用后将该幅土地交付其使用，或者将土地使用权无偿交付给土地使用者使用的行为。

[2] 对无偿性比较合适的理解是，按照当时的相关法律规定，缴纳一定税费之后可以无偿使用，这里并不是绝对无偿使用。

[3] 《中华人民共和国城镇国有土地使用权出让和转让暂行条例》第四十四条规定，除一些特殊规定外，划拨土地使用权不得转让、出租、抵押。

[4] 《中华人民共和国城市房地产管理法》第二十二条第二款规定，依照本法规定以划拨方式取得土地使用权的，除法律、行政法规另有规定外，没有使用期限的限制。

的用途仅限于一些公共利益用地[1]，但由于土地市场没有发育起来，许多企业（包括国有企业和乡镇企业）的经营性用地也采用划拨的形式（史贤英，1994；乔志敏，1995；纪擎，2005）。在一段时间内，《刑法》把"以牟利为目的，非法转让、买卖、出租土地"之行为，列为刑事犯罪[2]（周其仁，2017）。

　　在整个20世纪80年代，对农村土地非农化利用的需求主要来自三个方面，一是国有企事业单位及其他公益用途的占地；二是遍地开花的乡镇企业以及部分私营企业；三是引进外资需要占用土地，珠三角地区的"三来一补"企业就是此类典型。采用划拨为主的土地利用方式有一个重要的缺陷，即土地生产关系无法再生产[3]。对于国

---

[1]　《中华人民共和国城市房地产管理法》第二十三条规定，下列建设用地的土地使用权，确属必需的，可以由县级以上人民政府依法批准划拨。（一）国家机关用地和军事用地；（二）城市基础设施用地和公益事业用地；（三）国家重点扶持的能源、交通、水利等项目用地；（四）法律、行政法规规定的其他用地。

[2]　《刑法》规定，以牟利为目的，违反土地管理法规，非法转让、倒卖土地使用权，情节严重的，处三年以下有期徒刑或者拘役，并处或者单处非法转让、倒卖土地使用权价额百分之五以上百分之二十以下罚金；情节特别严重的，处三年以上七年以下有期徒刑，并处非法转让、倒卖土地使用权价额百分之五以上百分之二十以下罚金。

[3]　征用农村集体所有制的土地标志着土地国家所有权的取得，而行政无偿划拨则标志着土地国家所有权的丧失，或者部分丧失。城市土地国家所有权陷入"取得—丧失—再取得—再丧失"的恶性循环，城市土地国有制得不到再生和保障（马壮昌，1994）。

有企事业单位、公益用途以及乡镇企业的占地，划拨土地的做法在法理上有一定的支撑，这些至少在某种程度上具有"公有"特征。但是对于私营企业与外资企业，采取划拨土地这种方式就遇到了很大的局限，无法再生产的土地关系对于划拨对象不再是公有单位甚至是外来资本如何处理？这是当时背景下很大的挑战。

二、国有土地的权利发育过程

土地的行政划拨——这种带有强烈计划经济色彩的用地方式与现实中多样的用地需求之间的张力越来越大。由此造成土地资源的配置效率低下，不同用地主体对土地的需求程度难以有效表达。此外，政府招商引资需要做一些土地前期开发①，这部分工作需要投入不少资金，这对于当时的地方政府来讲压力很大。突破口出现在改革开放的前沿深圳，当时深圳市政府在港商的建议下采纳了香港的土地拍卖制度，从土地资本化中获取建设资金。1987年10月，深圳市政府修改了《深圳经济特区土地管理暂行规定》（1982年1月1日实施），将"土地使用权不能转让"这一条款更改为"土地使用权可以有偿出让、转让、抵押"，同时更名为《深圳经济特区土地管理条例》（1988

---

① 即通常所说的"五通一平""七通一平"等。

年1月3日颁布实施）。

深圳进行的国有土地使用权拍卖直接与当时的《宪法》相冲突，这次地方性实践直接促成了宪法关于土地使用权转让的修改。1988年，《宪法》第十条第四款由原来的"任何组织或者个人不得侵占、买卖、出租或者以其他形式非法转让土地"改为"任何组织或个人不得侵占、买卖或者以其他形式非法转让土地，土地的使用权可以依照法律的规定转让"。

宪法的修订为国有土地使用权流转扫清了障碍，国有土地资本化、政府主导的招商引资以及工业化和城市化的进程自此开始加速。从国有土地权利的发育来看，允许土地所有权与使用权分离①、使用权可以转让的做法可谓是至关重要，这一步迈出去了，才有可能让市场发现土地资源价格，以更为有效合理的方式配置资源。1991年5月19日，国务院颁布《中华人民共和国城镇国有土地使用权出让和转让暂行条例》，《条例》对城镇国有土地使用权的出让、转让、出租、抵押以及划拨等作出了详细规定。这一条例结合此前通过的《中华人民共和国城市规

---

① 有学者指出，20世纪90年代初随着"建设社会主义市场经济"这一战略方向的确立，中国物权领域的立法思想发生一次重大转变，即从注重"归属"转向注重"使用"，并试图以后者替代前者（吕来明，1991）。因此，土地使用权可以转让这一规定在90年代初就很容易与具体的政策规定对接。

划法》①，为工业化、城市化的用地行为提供了明确的政策
指导。

国有土地的转让权和抵押权赋予其强大的资本化功
能，与此同时，法律还赋予国有土地在土地市场上的垄断
地位。1998 年修订出台的《土地管理法》第四十三条规定，
"任何单位和个人进行建设，需要使用土地的，必须依法
申请使用国有土地"。国有土地成为非农建设的前置条件，
这就大大加强了国有土地资本化的力量。随着金融市场的
不断完善，国有土地在抵押融资方面的作用也不断被放
大，成为政府推动工业化和城市化不可或缺的工具（刘守
英等，2012；周飞舟，2012；周其仁，2017）。

三、土地经营制度推动城镇化快速发展

在《中华人民共和国城镇国有土地使用权出让和转让
暂行条例》颁布后不久，以市场化为导向的改革进一步深
化，中央政府为增强对经济发展的主导作用，推动了财政
体制的改革。1994 年的分税制改革深刻地影响了此后的
经济发展模式（周飞舟，2006），土地成为经济发展的发
动机，"以地谋发展"是各地政府推动经济发展所遵循的

---

① 《中华人民共和国城市规划法》于 1989 年 12 月 26 日第七届全国人民
代表大会常务委员会第十一次会议通过，1990 年 4 月 1 日起施行。

普遍逻辑（刘守英，2012、2018）。国有土地的资本化为过去20余年高速发展的工业化与城市化筹集了大量资金，开创了一条以土地为信用基础，积累城市化原始资本的独特道路。同时，支撑了产业的发展和中国产品超乎寻常的竞争力，促进了大规模农民工进城从事非农就业，大幅改善了中国城市的基础设施和公共服务水平。

一是促进了经济快速增长、增加大量非农就业岗位。中国经济实现快速发展，除了劳动力要素成本较低之外，更重要的原因是现行土地制度所带来的土地红利。20世纪80年代，农民在几乎没有成本的前提下，利用集体土地兴办乡镇企业，吸收了大量农民从事非农产业。后来，尽管利用集体土地兴办乡镇企业受到了越来越多的限制，但城镇政府仍可利用现行土地政策低价征用集体土地，为吸引投资几乎是零地价或者是负地价供地，如此低的工业用地价格带动投资迅速增长，有力地支撑了每年1000多万、总计2.9亿农民进城从事非农就业，大幅提高了农民收入。

二是为城市基础设施和公共服务设施建设筹集资金。我国城市的面貌之所以能够在短短几十年的时间内发生日新月异的变化，主要得益于现行土地征用制度所提供的巨额土地出让收入。1999—2020年，全国土地出让总收入达到58.5万亿元。城市政府依靠土地征收制度带来的红利，显著地改善了城镇各类基础设施和公共服务水平，城市之间的高铁、公路到小学、医院等各类社会资本得以迅速积累，增强了城镇综合承载能力。

三是通过工业用地补贴大大增加了我国制造业竞争力。中国的税率高于多数国家，中国产品之所以在全球市场上有超强的竞争力，主要源于地方政府对企业进行的大量补贴，有的是以减免税的形式出现，有的是以地价返还的形式出现，有的是以配套基础设施员工住房形式出现，有的干脆就直接注资入股。这些补贴，很少来自财政，绝大多数直接或间接来自于土地收益。因此，土地制度为中国的工业化加速发展和增强产品国际竞争力，作出了重要的贡献。

四是盘活了城镇土地空间，提升了中心城区土地价值。地方政府利用土地出让收入的一部分，用于修建城市道路、桥梁、医院、学校、市政管线、电力设施、公园绿地、机场、港口后，促使大量人口和商业进一步向城市中心聚集，通过近几年各大城市持续的"退二进三"，原本用地较为低效的工业逐步向城市周边转移，城市的现代服务业逐步繁荣和发展，中心城区的土地价值进一步提升。

五是促进了城市房地产迅速发展。在土地出让市场高度发达的同时，我国房地产行业也发生了翻天覆地的变化。中国的房地产金融真正起步于1998年。出于扩大内需以应对亚洲金融危机冲击等考虑，当年国务院发布《关于进一步深化城镇住房制度改革加快住房建设的通知》。

以此为标志，中国实行近 40 年的福利分房制度宣告终结，新的住房制度取而代之。1998 年住宅制度改革，催生了对城市公共服务更大的需求，使得房地产市场成为政府部门获得基础设施建设原始资本的主要途径。政府获得土地后不是直接出让给工业，而是出让给房地产开发商先获得一次性收入，然后通过补贴工业使其获得额外的竞争力，并为城市提供就业和持续的税收。

四、现行土地制度带来的不利影响

在看到现行土地制度对经济社会发展的积极作用的同时，应当清醒地认识到，这个过程导致了收入分配不平等，积累了财政金融风险和社会风险。

第一，中央政府和地方政府在土地制度实施过程中存在目标不一致，这使得中央政府的许多管制政策在地方无法得到很好的实施；而地方政府为躲避严格的土地（尤其是指标）管制政策，往往突破现行的法规政策。以土地出让金的收取为例，宪法规定城市土地属于国家所有，但国有土地分布在各大中小城市，其实际的利用、建设、管理等均由地方政府负责，中央政府要从地方政府所获得的土地出让费中分割一部分，却遇到了地方政府的各种抵制（马壮昌，1994）。在分税制改革中，土地出让金被全额划入地方收入，这使得地方政府有充足的激励征收、储备土地，从土地出让中获取巨额资金。很多地方从土地上获取的这些资金并没有投入地方公共服务，没有带来全社会公共福利状况的改善。

第二，由于国有土地可以用来抵押融资，地方政府可以通过收储的土地进行抵押贷款、发行城投债等方式举债，以此投入城市基础设施建设，促进新一轮的经济发展与土地升值。2011年6月27日，国家审计署公布政府债务数据，截至2010年底，中国地方政府性①债务余额为10.7万多亿元，占2010年全年GDP的1/4。在政府性债务结构中，地方融资平台举债占比将近一半（46.38%），此类债务大多是利用国有土地使用权做抵押。而地方政府债务的支出投向主要是市政建设、交通运输、土地收储，三类合计占比超过70%，这些都是与国有土地使用权分配有着密不可分的关联（中华人民共和国审计署，2011）。自此之后，国家金融监管部门屡次发文监控、收紧融资平台举债行为，但收效甚微。地方政府为推动经济发展而派生出的强大的融资需求促使融资平台不断创新融资形式，取道券商、信托、保险、银行理财产品、基金子公司专项资产管理计划等形式的融资不断增加，而更为灵活的BOT②、

---

① 这里的政府只包括省、市、县三级。

② BOT是私人资本参与基础设施建设，向社会提供公共服务的一种特殊的投资方式，包括建设（Build）、经营（Operate）、移交（Transfer）

PPP① 等模式则屡见不鲜（霍侃，2013）。土地抵押融资这一功能被地方政府极力放大之后带来了不可估量的金融风险，这一风险通过各种金融工具和金融衍生品而传递到许多部门，进而影响了金融体制的运行以及国家宏观调控政策的制定与实施（张惠强，2016）。

第三，人为压低工业用地价格导致制造业投资过多，进而影响产业结构调整与经济增长方式转变。地方政府通过手中拥有的国有土地使用权进行招商引资的做法曾经被认为是中国经济腾飞的重要手段（张五常，2009）。有意思的是，地方政府在工业和商住用地上采用了截然不同的出让政策，向制造业投资者提供廉价土地和补贴性基础设施来吸引投资，但通过招拍挂等竞争性更强的方式出让商住用地。地方政府在商住用地上获取巨额收入的后果在第一部分已经讨论过了，对工业用地的大规模投入造成了地区间产业结构趋同、经济过热及国内制造业生产能力过剩等后果（陶然等，2009）。中国深度参与全球市场掩盖了产能过剩的事实，当海外市场需求发生波动时，国内制造业立即随之起伏，最终给宏观经济状况带来严重

三个过程：建设—经营—转让。

① PPP 即"公私合作"（Public-Private-Partnership），对社会需要的特定公共服务，政府不再直接投资兴办公共项目，而是鼓励企业投资兴办（或企业与政府合资兴办）项目并提供公共服务，政府根据服务的数量与质量进行购买。

负面影响。此外，人为压低工业用地出让价格的另一个结果是，工业用地利用极为粗放。目前中国工业用地项目容积率只有 0.3%—0.6%，而发达国家一般是 1%。从 2000 年到 2011 年间，综合地价的水平涨了 297%，商业地价的水平涨了 309%，居住用地的价格上涨 528%，而工业用地价格仅提高 71%，也就是说我们是长期靠工业地价保证工业化的推进。这种制度安排的结果是，大量的企业以低价把土地买到手以后等着政府来修改规划，进而吃土地改变用途的差价，整个工业用地投机性很大。

第四，由强制征地引发的社会冲突和矛盾不容忽视。土地征收、拆迁过程中的社会冲突是由几方面原因造成的，首先是政府单方面确定的补偿价格较低，《土地管理法》第四十七条规定，征收土地的，按照被征收土地的原用途给予补偿；土地补偿费和安置补助费的总和不得超过土地被征收前三年平均年产值的三十倍。这样算下来的补偿标准使得大多数农民不愿意将自己的土地交给政府。其次，政府在这个过程中既是管理者又是经营者，政府的营利动机加上合法强制力的实施导致征收这个"交易"过程难以让农民接受。

第五，只有国有土地才能以合法的身份进入建设用地市场的规定导致了城乡之间和地区之间的收入差距日益加剧，严重阻碍了资本市场的深化，农民无法将自己拥有的土地资产金融化（文贯中，2008、2010、2013）。进入 21 世纪以来，中央和地方各级政府不断加大对农业和农村的投入①；然而，城乡收入差距却不断拉大。农民收入低有一个重要的原因是财产性收入少，而随着城市房地产市场的不断发展，城市居民的财产性收入不断上升，城乡收入差距就此越拉越大。由此可见，单纯依靠财政投入提高农民收入的办法从长远来看难以持续，赋予农民更完整的财产权利，特别是土地和房屋的转让权是重要的突破口（厉以宁，2008）。

第六，地方政府在现行制度约束下更关注土地城市化进程，对人口城市化的忽视导致"化地不化人"的畸形城市化发展路径（文贯中、熊金武，2012；文贯中，2012）。随着国有土地资本化功能的不断完善，国家赋予地方政府合法的征地权作为一把促进经济发展的利剑，在地方竞争和政绩考核的作用下，地方政府具有极大的冲动扩大国有土地的范围，也就是扩大城市边界。城市的扩张在空间上体现为建成区面积的扩大，从2000年到2010年，全国城镇建成区面积扩张超过了60%，远超过同期的城镇人口增长速度（刘守英等，2012）。各地的新城、新区的建设如火如荼，投资规模远超当地的财政收入水平②。

---

① 2013年《政府工作报告》指出，中央财政"三农"累计支出4.47万亿元，年均增长23.5%。

② 《城市面积10年扩张60%　远高于城镇人口增长速度》，《人民日报》2012年12月3日，http://news.xinhuanet.com/politics/2012-12/03/c_124035285.htm。

如果我们将城市化过程从空间形态上理解为人口和经济资源向国土中空间中某些区域集聚的过程，那么其结果是这些地方的"地均"人口密度与经济密度应该高于其他地方。中国过去这些年有些地方的城市化非但没有在单位城市面积上聚集更多人和经济资源，反而呈现下降的趋势，这需要引起注意与反思。

第三章　土地的分利流转：从启动到谈判

　　本章细述一个由农民成立土地股份合作社自主实施土地综合整理的项目，合作社以确权之后的土地承包经营权和集体建设用地使用权作为抵押到银行贷款融资，进行土地整理，之后将整理出来的集体建设用地指标转让给一家公司用于开发建设。这个案例最大的特点在于，以往这类土地综合整理项目都是由地方政府融资平台公司作为实施主体，而我们要研究的案例则是以农民成立的土地股份合作社为实施主体。由于土地整理需要在前期投入巨大的成本，实施周期一般需要 3—5 年，因此往往需要银行等金融机构的信贷支持。对于农民所成立的土地股份合作社来讲，实施土地整理要面临着一系列的难题，比如筹集资金、寻找指标受让方、处理与政府部门的关系等。这一章将根据田野调查资料详细描述并分析这个案例，关于建设用地指标流转之后的收益分配在下一章进行讨论。

一、土地综合整理项目启动

荷村地处庆西县木泉镇南部[1]，共有 16 个村民小组，户籍人口 2783 人，共 903 户。常住人口 3000 余人，是一个劳动力净流入的村庄。2008 年之后，荷村开始大力推进耕地流转，打造"三个一千亩"产业，即红提（葡萄）、金银花、荷花（莲藕种植）各约 1000 亩[2]。

1. 荷村的土地状况

根据 2006 年土地利用现状变更调查，荷村辖区面积 5077.10 亩[3]，其中耕地面积 3711.20 亩，占总面积的 73.10%；城镇村及工矿用地面积 828.30 亩[4]，占总面积的 16.31%；交通运输用地 179.50 亩，占总面积的 3.53%；

---

[1] 按照学术研究惯例，本书对人名、地名等信息做了匿名处理。

[2] 荷花（莲藕种植）产业方面，2008 年荷村引进了庆西县国金农业开发有限公司，建立了荷花基地，并且带动村民进行规模大小不一的荷花种植。到 2011 年，村里已种植荷花 1187 亩，初步实现了集生态、观光、休闲于一体的农业旅游区。红提产业方面，荷村在 2009 年成立了庆西县众鑫红提土地股份专业合作社，引进庆西县华宇农业开发有限公司，建立了 1000 亩的有机红提葡萄基地，目前基本形成集有机红提种植、采摘、观赏和旅游休闲于一体的乡村旅游地。金银花方面，荷村至 2011 年底流转土地 1000 亩用于种植金银花，种植规模不断扩大。

[3] 在访谈中我们得知，荷村是由两个行政村合并而成，故而面积比一般的行政村大。

[4] 资料显示，荷村有一部分土地属于建制镇用地（63.3 亩），村庄宅基地与工矿用地加起来是 765 亩。

水域及水利设施用地 342.60 亩，占总面积的 6.75%；其他用地 15.50 亩，占总面积的 0.31%。以常住人口 3000 人计算，荷村人均建设用地约为 210 平方米，建设用地利用效率并不高①。

2008 年 1 月 1 日，成都市委、成都市人民政府发布当年的"一号文件"——《关于加强耕地保护进一步改革完善农村土地和房屋产权制度的意见》，提出"开展农村集体土地和房屋确权登记"，明确农村集体土地所有权、使用权以及农村房屋产权。在确权登记的基础上，由相关行政部门核发证书。

调查中我们了解到，荷村 2008 年底开始启动农村产权制度改革，2010 年完成了承包地和宅基地的确权颁证，其他类别的土地和资产牵涉的历史遗留问题比较复杂，所以"暂缓确权"。值得注意的是，确权到户的集体建设用地除了宅基地之外，还有一部分是林盘地，这是川西特有的土地类别。在川西民居中，多数村庄相对分散，农户在自己的房前屋后种上树木，若干农户围绕着一个林盘聚居。林盘地在土地确权中被确定为建设用地，与宅基地同属于"农村集体建设用地"。因此，经过土地综合整理之后，可以节约的建设用地数量比较大。

---

① 《四川省〈中华人民共和国土地管理法〉实施办法》规定，农村居民的宅基地面积为每人 20—30 平方米。

2010年6月，荷村完成了承包地、宅基地确权颁证，但林盘地、自留地、未利用地、公益设施用地、集体企业占地等尚未确权。为了推动农村土地、房屋的高效流转，成都市决定在全市范围内推行农村各类资源、资产全面确权颁证。县政府要求在承包地和宅基地确权颁证的基础上进一步深化农村产权制度改革，完成暂缓确权和未确权区域的确权颁证工作①。与前一阶段承包地和宅基地的确权不同，成都市要求全面确权做到"应确尽确"，能确权到户的发放使用权证书，不能确权到户的先确权到集体经济组织，然后通过股权量化到集体经济组织成员。更重要的是，确权结果形成长久不变的决议，从而终结了农村集体所有制"随人口变动而调整土地权属"的做法。

庆西县政府确定木泉镇荷村为促进生产要素自由流动综合试点区域，因此率先启动了全面深化确权。2011年3月，在木泉镇政府相关部门的推动下，荷村进行了集体土地使用权证确权颁证，将村内林盘地、自留地实行专业测绘，沟渠、道路、集体公益设施占地等采取股权量化。3月底，庆西县国土局牵头，对房管局提供的农村集体房屋调查摸底情况进行核对，确定无误之后，颁发相应

---

① 这次确权的范围主要涉及农用地（自留地和其他农用地）、集体建设用地中未确权部分、未利用土地和集体资产性财产。

的权属证书。

2.项目动因

荷村与一个文旅古镇挨着，成都新星公司在那里有个旅游开发的项目，但是由于那里地价比较高，且数量有限，新星公司找到了木泉镇政府，希望在荷村通过土地综合整理的方式流转建设用地，用于拓展其开发项目。此时，木泉镇作为庆西县首批土地综合整理试点乡镇，利用土地整理的契机实现农村产权资本化是乡镇领导的施政思路。

根据"全域成都"的规划框架，木泉镇处于成都城西成温邛走廊发展轴线上，同时处于成都市世界现代田园城市示范带上。在庆西县领导看来，"木泉镇一带不适合发展传统的工业，而应当与古镇一道，发展农业观光旅游"。随着成温邛高速公路免费通车，直通旅游古镇的快速通道已开通，从而形成十分便捷的对外交通网络，为人流和物流的集散创造了良好的条件。

荷村作为与古镇相邻的村庄，在完成全面确权的基础上，提出下一步的发展思路是要达到"宜居，宜业，宜游"。这需要大量的资金投入，如何解决资金来源问题成为一个关键问题。荷村在上级政府的领导下，试图通过实施土地综合整理，实行集体建设用地整理与集中使用。由此而节约出来一部分建设用地指标，通过城乡建设用地增减挂钩的方式①，将部分指标卖给政府或企业，由此获得开发建设资本。

有人愿意来投资，还需要看哪个村庄愿意配合项目实施。新星公司看中的地块是荷村与古镇紧挨着的地方，是一整片耕地。按照成都市的规定，新星公司需要有相应面积的建设用地指标才能动用耕地做非农用途的开发建设。新星公司此时有两种选择，一是到农村产权交易所购买指标，但农交所的指标交易活动在 2010 年底被原国土资源部叫停，直到本书研究的项目实施之后还未重新启动。二是自己进行土地综合整理，将节约出来的建设用地指标用来覆盖建新区。新星公司决定选择第二条路子，在荷村内部进行拆旧建新。

由此一来，新星公司、庆西县政府、木泉镇政府、荷村对土地综合整理项目有了较为一致的看法。在来回几次沟通之后，新星公司垫资 1000 万元作为项目启动资金。

---

① 2004 年 10 月，国务院印发的《关于深化改革严格土地管理的决定》提出，"鼓励农村建设用地整理，城镇建设用地增加要与农村建设用地减少相挂钩。" 2008 年 6 月，原国土资源部印发《城乡建设用地增减挂钩试点管理办法》，将城乡建设用地增减挂钩界定如下：指依据土地利用总体规划，将若干拟整理复垦为耕地的农村建设用地地块（即拆旧地块）和拟用于城镇建设的地块（即建新地块）等面积共同组成建新拆旧项目区(以下简称项目区)，通过建新拆旧和土地整理复垦等措施，在保证项目区内各类土地面积平衡的基础上，最终实现增加耕地有效面积，提高耕地质量，节约集约利用建设用地，城乡用地布局更合理的目标。

3. 宣传动员

在访谈中，我们了解到，土地综合整理项目在启动时并不容易，因为这类事情以前都是政府在主导，现在轮到农民来做，既没有经验也没有信心。村干部反复开会，向村民宣讲项目的好处。与此同时，镇里组织村民去都江堰参观新村建设的状况。

2010 年 12 月 17 日，成都农交所组织了首次建设用地指标交易，结果最高成交价达到 92 万元 / 亩，大大超出此前的预期，引发社会各界的强烈关注。按国土资源部相关要求，成都暂缓举行第二次建设用地指标交易，之后半年左右时间，农交所的交易活动处于停滞状态。

经过汶川地震灾后重建，都江堰的农村社区面貌焕然一新。群安村一些在都江堰做生意的村民了解那边的情况，也认为自己的村庄居住环境应该改善，这些村民与镇政府和村干部一道，在宣传动员中起了重要作用。

据镇领导王书记介绍，镇里认为至少要有 95% 的村民同意，项目才能够实施。王书记在动员荷村 5 组和 6 组村民的同时，也展开对 2 组和 7 组的宣传①。经过多次动员工作，5 组和 6 组的村民全部同意项目的实施。

---

① 选择这几个村组进行宣传动员的一个原因是，组内林盘比较多，可供整理的指标相应也比较多。

在此基础上，木泉镇积极牵线搭桥，向 5 组、6 组推介了敖佳公司（四川省敖佳农业科技发展有限公司）、新星公司两家企业。为确定投资方，5 组、6 组再次召开村民大会，听取两家企业的投资方式、项目范围、规划建设等意向方案介绍，经群众充分讨论、集体表决，最后选择与新星公司合作，开展土地综合整理项目。

4.两个村民小组概况

我们根据确权结果对两个小组的资产和人员进行简略分析。

5 组辖区面积 331.35 亩，人口 204 人，农户 78 户。通过确权后所定集体经济组织成员 204 人，其中普通成员 198 人，特殊成员 6 人①。除去已确权承包地 287.39 亩，

---

① 集体成员的确定是农村产权制度改革的难点之一，荷村通过村民议事会的方式由村民自行讨论解决方案，将集体经济组织成员分为普通成员和特殊成员两种。普通成员包括五类：（1）由集体经济组织普通成员繁衍，并在该集体经济组织共有的土地上生产、生活的后代；（2）与集体经济组织成员形成法定婚姻关系，并履行正常迁移落户手续的；（3）父母或一方具有集体经济普通成员资格的子女，符合承包经营条件，但未承包到集体土地的；（4）普通成员家庭经过合法程序收养的子女；（5）因国家政策性迁入或经法定程序加入的。特殊成员包括三类：（1）原为农村集体经济组织普通成员，因不同原因依法丧失或自愿放弃土地共有权、土地使用权、土地承包权、集体收益分配权等完整权利中的一项及其以上的；（2）通过向本集体经济组织捐交公积公益金的形式加入的；（3）与本集体经济组织或经本集体经济组织同意与其成员形成产权转让关系的。

宅基地 30.49 亩，2011 年初确权颁证《集体土地使用证》（包括农业设施用地和未利用地）1 本，面积 28.04 亩，《集体土地使用证》（集体建设用地）7 本，面积 13.47 亩，《集体土地使用证》（耕地中的自留地）89 本，面积 16.24 亩，《集体经济组织成员证》195 本。6 组辖区面积 302.25 亩，人口 186 人，农户 65 户（普通成员户 62 户，特殊成员户 3 户）。通过确权后所定集体经济组织成员 186 人，其中普通成员 170 人，特殊成员 16 人。除去已确权承包地 212.86 亩，宅基地 20.99 亩，2011 年初确权颁证《集体土地使用证》（包括农业设施用地和未利用地）1 本，面积 27.93 亩，《集体土地使用证》（集体建设用地）4 本，面积 30.05 亩，《集体土地使用证》（耕地中的自留地）61 本，面积 10.42 亩，《集体经济组织成员证》170 本。

二、合作社作为项目实施主体

以往的土地综合整理项目都是由政府融资平台公司来操作，这些公司借助手中拥有的大量储备土地向金融机构抵押贷款，以此垫付土地综合整理的前期成本。等项目完成之后，以建设用地指标交易或建设用地出让的方式获得高额溢价收入，然后归还此前的贷款。这次土地综合整理之所以让农民及其组成的经济组织"自主整理"，是因为政府融资平台公司的信贷行为受到国家相关监管机构的严格控制①。在市政府相关部门和乡镇政府的协调下，荷村土地综合整理项目所涉及的农户以确权颁证之后的集体建设用地使用权入股成立土地股份合作社，作为项目的实施主体。

1.合作社的成立

在推进全面确权的同时，成都市政府要求同步进行基层组织改革②。具体而言，就是要分离农村集体经济组织与村民自治组织的职能。集体经济组织作为经济组织，其成员认定应以产权关系为纽带，利用农村产权改革的成果，以农村产权的权益人（包括共有人）作为认定集体经济组织成员的依据。集体经济组织作为一种新型的农村经济组织，以集体建设用地使用权、土地承包经营权入股等形式，以产权为纽带，以农户自愿联合为基础，包括各种形式的农业公司、专业协会、专业合作社、股份合作

---

① 2010 年 6 月 10 日，国务院出台《关于加强地方政府融资平台公司管理有关问题的通知》，要求地方各级政府对融资平台公司及其债务进行一次全面清理，全面收紧银行业金融机构向融资平台公司的信贷规模，坚决制止地方政府违规担保承诺行为。2010 年 7 月 30 日，财政部、国家发展改革委、人民银行、银监会联合发布《关于贯彻国务院关于加强地方政府融资平台公司管理有关问题的通知相关事项的通知》，进一步明确了规范和限制地方政府融资的各项细则。

② 具体内容参阅 2010 年 12 月 21 日庆西县统筹城乡综合配套改革试验区建设领导小组办公室下发的文件：《关于深化统筹城乡综合配套改革促进城乡生产要素自由流动试点工作的意见》。

社等。

在庆西县农发局的牵头指导下，成立了荷村专业合作社，作为新型集体经济组织，其职能是代表集体经济组织成员与社会资本方谈判。根据相关法律规定，农民专业合作社能够享受一定的优惠政策，降低农民实施土地整理的成本①。合作社的成员除了5组和6组之外，还有参与项目的其他组成员，一共176人。根据合作社章程，合作社的主要业务有五项：组织采购、供应成员所需的生产资料；组织收购、销售成员生产的产品；开展成员所需的运输、贮藏、包装等服务；引进新技术、新品种、开展技术培训、技术交流和咨询服务；土地综合整治。前四项是一般农民专业合作社所具备的，最后一项则是针对土地综合整理业务。

2.配套组织建设

土地综合整理是一项系统性工程，需要处理许多复杂的问题。政府融资平台公司主导的土地整理项目只需要村集体做好配合工作就行，农民自主进行的土地整理

---

① 《农民专业合作社法》规定，中央和地方财政应当分别安排资金，支持农民专业合作社开展信息、培训、农产品质量标准与认证、农业生产基础设施建设、市场营销和技术推广等服务（第50条）；国家政策性金融机构应当采取多种形式，为农民专业合作社提供多渠道的资金支持、金融服务（第51条）；农民专业合作社享受国家规定的对农业生产、加工、流通、服务和其他涉农经济活动相应的税收优惠（第52条）。

则完全不同，大小事情都需要集体想办法解决。荷村村支书总结，在土地综合整理项目中，镇政府和村"两委"的职责是"三员"，即当好"设计员"，摸准群众意愿，引导群众确定土地综合整理项目的投资内容和重点，做好规划设计；当好"解说员"，做通群众思想工作，同意关于产权制度改革的看法和认识；当好"服务员"，围绕新生活、新家园、新农村，抓好农民素质教育培训，为农民群众的富裕健康劳动生活，提供全方位的保障服务。

划清政府行为边界之后，剩下的事情应该是由参与项目的村民来操持，这时就需要成立相应的配套组织。首先成立的机构是荷村项目领导工作小组，由荷村村支书担任组长，村委会主任担任副组长，下设办公室、确权颁证组、要素流转组。领导工作小组负责与镇政府、市政府有关部门联络，起了上传下达的作用。之后，参与项目的村民经过选举产生了"三会"——联合议事会、维权自治会、业主委员会。村党支部书记认为，这些组织架构的成立一方面有助于调动村民参与项目的实施过程，另一方面则在分工明确的基础上提高了运作效率。

联合议事会是在原有的5、6组议事会的基础上成立，其职责是宣传发动群众；拟定项目搬迁赔付方案，交由土地合作社与项目业主协商；组织群众对参与交易的农村产权进行丈量清点，制订项目搬迁、工程监管、竣工验收等实施管理办法①。

维权自治会是群众自发组织聘请民间法律工作者成立，为联合议事会提供法律服务，其职责是宣传土地综合整理法律法规和政策；对项目实施实行全过程监督，切实维护群众合法权益。与此同时，庆西县司法局还指导荷村5组和6组建立司法维稳自治组织。

在业主委员会成立之前，项目建设阶段成立的是项目建设管理委员会。项目建设管理委员会的职责有7项，分别是对项目实施安全实行过程监管；对项目实施质量实行过程监管；对项目实施是否按照规划设计要求实行过程监督；监管发包方和承建方，督促施工进度；项目实施完后参与竣工验收，协助群众结算工作；根据群众需要，聘

---

① 随着人口、土地等要素流动不断加快，原有的基层组织架构面临着全新挑战。成都在启动农村产权制度改革的同时，同步推进基层治理机制改革创新，在行政村和村民小组成立村民议事会，推行"三分离、两完善、一加强"，即决策权与执行权分离、社会职能与经济职能分离、政府职能与自治职能分离，完善农村公共服务和社会管理体系、完善集体经济组织运行机制，加强和改进农村党组织领导方式。村民议事会是村级常设议事决策机构，受村民（代表）会议委托，其主要职责是研究决定村级发展计划、集体资产管理、经济社会发展项目、村级社会管理和公共服务项目、财务收支项目等日常事项，对村委会执行情况进行监督。村民小组议事会成员由村民直接选举产生，村民议事会成员从村民小组议事会成员中选举产生。村民小组议事会一般不少于5人，村民议事会一般不少于21人，每个村民小组有2名以上村议事会成员，村、组干部不得超过议事会成员的50%，所有议事会成员都有大约10户的固定联系户，并从村民议事会成员中选举5—7人组成村务监督委员会。

请具有一定建筑经验的人员负责从事项目的工程结构、质量、安全、进度监督管理工作；对推荐和报名参与项目的建设单位进行审核，确定建设单位。

3. 新居规划

土地综合整理的一个核心特征是改变农村原来单个家庭自发建设、星点分布、七零八落的布局，建设集中、紧凑的居住格局。庆西县规划局在2011年初帮助荷村联系省市规划设计院，后者先给出新型社区规划设计方案（房屋建设、基础设施、公共配套、景观风貌建设规划），形成总平设计、户型设计、施工设计等成果，通过规划审查；布局鸟瞰图、户型图、主要经济技术指标等，制作成公告牌进行公示。参与项目的群众对此提出自己的要求和建议，规划编制专家依此进行修改调整，其间来回十几次，历时两个多月，最终完成定稿。

由于此前镇政府和村"两委"组织参与项目的村民参观都江堰灾后重建的农村新居，农民的观念大多为此转变，能够接受集中居住的方式。但是，在确定规划方案的过程中，专家与村民仍存在意见相左的地方。其中一个冲突的焦点是，新居底层面向荷花种植基地的墙是封闭起来还是设计成落地玻璃墙。专家认为以后村里要发展农业观光旅游，所以新居底层应该有一面玻璃墙，这样设计出来的效果颇具田园风光。但是在村民看来，一层设计成玻璃墙既不习惯又不安全，所以希望封闭起来。

　　村"两委"、镇政府、合作社和"三会"为此召开多次会议，在上级政府规划要求、规划设计院专家理念与村民诉求之间寻找平衡点。最终的解决方案是距离荷花种植基地比较近的房屋设计成落地玻璃墙，村民可以自行选择是否入住。这个妥协的结果体现出了农民在整理土地和新居建设中的自主性，虽然不像政府主导的项目那样整齐划一，但农民的意见在项目实施中却得到充分的考虑。

三、合作社与新星公司的谈判

　　合作社与新星公司进入实质性谈判的第一步是确定土地整理节约出来的建设用地指标的流转价格。为了减少麻烦，双方的谈判采取的是"总额包干"的办法，即新星公司与合作社只谈每亩指标的价格，拆旧补偿和新居建设则由合作社与村民协商。

1.第一次谈判

2011 年 3 月 18 日，新星公司与合作社及荷村 5 组、6 组村民代表开始初步谈判。新星公司的王总一开始认为，"经过前期村组统计（摸底）出来的数据，我们公司估算了一下，2 个组（5、6 组）节约出来的建设用地面积大概为 70 亩左右。我们根据成都市建设用地价格最低 15 万—18 万元 / 亩，这部分大约 1300 万元。同时投资金额包括了土地上房屋附着物等。这费用还不包括规划设计、搬迁费、复垦费等。如果加上其他费用，大概折算每亩 25 万左右"。

村民认为新星公司开的这个价格太低。比如 5 组村民老张当时就算了一笔账，"如果按你们投资来算，平均下来我们每个人的身上人均为 3 万元左右。扣除基础设施方面和风貌等费用，我们每个人只能得到 1 万—2 万元左右。那么，修建房屋就比较困难了。参照周边修建情况（指的是大邑县古镇）来算，人均基本上要达到 3 万—4 万元左右才能把房子修建起来。如果连这个基本要求做的话，我们基本上 80%—90% 的人都要贷好多款才能修建房子。那么我们就不愿意把土地指标拿出来。贵公司能否考虑一下我们群众实际，把价格提升一下，满足我们修建房屋的基本要求？"

村民的一个基本期待，是通过节约出来的建设用地指标流转所得的收益能够覆盖建新房的成本，以一家 4 口人计算，新居人均 35 平方米，建安成本每平方米 1000 元，则新居成本为 14 万元，人均为 3.5 万元。在第一次谈判的最后阶段，荷村村主任提出了每亩土地包干 30 万元的要求，"让群众生活条件改善，又让企业发展和收益，这是一个两全齐美的事情。让我们群众高高兴兴搬迁，少贷款或不贷款就能把新居建好。能否把价格提高到30万元/亩？"新星公司一开始并没有答应这个价码，第一次谈判就此告终。

2.第二次谈判

时隔一日（3月19日），新星公司与合作社及荷村5组、6组村民代表再次见面协商投资事宜。这次谈判，双方都准备了投资合作合同（草案）。新星公司将每亩价格提高到了28万元，但是村民还是不能接受。

6组村民老王认为："修房子我就要贴大部分，在我们这样打工人家庭不大承受得起，能否把价格再提高一点？"

老张则提出："如果每亩28万，修房就比较困难了。现在工价成本都比较高，这样情况你们公司能应该有所了解的。"

老李认为："说实话，你们公司来这投资，我们群众非常高兴，大部分人都想搬新房，但价格如果太低，我们修不起的话，就不能搬了。"

老陈说："贵公司你们有没有想一下，如果按照你们所说的这个价格，只有三分之一或者更少的人搬，那你们这个项目也不可能实施。所以，请你们再商议一下，能否把价格再提高？大家说的价格，每亩30万，你们这么大的公司，我想也不存在（在乎）这点资金吧？"

新星公司在最后阶段同意了村民的要求，以不超过
30万元／亩的价格收购指标。在我们对镇领导的访谈中了
解到，2011年上半年，庆西县没有集体建设用地指标交
易，成都市范围内交易比较活跃的温江和郫县每亩价格在
38万—40万元。荷村所在的庆西县在成都属于"三圈层"，
是一个远郊县，指标价格能卖到30万元／亩算是不错的
结果。对新星公司来讲，他们在大邑县古镇镇的项目买的
是国有土地，每亩价格上百万，所以花30万元的价格在
荷村收购指标也比较合算。

3. 投资合作合同

谈妥指标收购总价款之后，合作社与新星公司签订
了投资合作合同。合作社保证新星公司在集体建设用地
整理项目结束后实际获得的集体建设用地指标面积不低
于90亩①。如整理完成后指标未达到90亩的，则差额部
分由合作社（甲方）出资购买指标予以补足。项目结束
后，新星公司应当向合作社支付的建设用地指标总价款
为2700万元，实际支付的价款以实际获得的建设用地
指标为准。新星公司支付的总价款为除去土地复垦费用
的包干价款，包括但不限于支付给农户的搬迁安置补偿、

---

① 项目启动时，合作社以5组和6组农户的新居人均占地35平方米计算，
可节约70亩左右。由于后来周边的小组也有农户申请加入，这样可以
节约的建设用地就更多。投资合作合同的90亩由此测算而来。

项目规划建设计等费用。土地复垦工作由新星独立负责，复垦费用标准为每亩 3000 元，全部计入建设用地指标成本。

4. 指标流转协议

在与新星公司确定合作关系并签完合同之后，合作社成员与合作社签订了一份关于集体建设用地指标转让的委托书，全权委托合作社将其在土地综合整理中节约出来的建设用地指标①转让给新星公司。这份委托书签订之后四天，合作社成员再次向合作社提出申请，将其全部集体建设用地交由合作社通过市场运作方式引进社会资金参与土地综合整理项目，并将节约的集体建设用地指标转让给业主（即新星公司）。

委托书和申请书要解决的共同问题，是如何让"集体"这个建设用地所有权者行使权利。不同的是，申请书更为明确地表明合作社作为集体所有者的代表可以通过什么样的方式处置建设用地指标——以市场运作的方式引进社会资金参与土地综合整理，然后将节约的建设用地指标转让给社会资金方。合作社将这些受托的宅基地、林盘地等报到国土部门，将其变更为"集体建设用地"，并且办理集体土地使用权证。这样一来，不仅避免了宅基地流

---

① 包括宅基地、林盘内建设用地个人应得部分和公共部分。

转的政策风险，而且保障了村集体作为产权所有者的权益，村集体同时监督土地流转过程，避免对村民权益造成损害。

其实，宅基地退给集体变为建设用地是在汶川地震之后，由都江堰地区的灾后重建实践中创造出来的。2008年党的十七届三中全会提出"逐步建立城乡统一的建设用地市场，对依法取得的农村集体经营性建设用地，必须通过统一有形的土地市场、以公开规范的方式转让土地使用权，在符合规划的前提下与国有土地享有平等权益"。这也给地方探索集体建设用地流转提供了合法性支撑，我们在调查中发现，市里和乡镇领导多次提到三中全会的这一规定。

第四章　土地的分利流转：从融资到建设

一、贷款融资

严格来说，土地综合整理包括"拆旧"和"建新"两个部分。荷村与新星公司签订的投资合作合同所确定的价款只够支付拆旧部分和公共配套的成本，新居建设的成本基本没有计算在内。如果要将新居建设的成本考虑进来，就必须有一部分村民住楼房，节约出更多的指标来交易。对新星公司来讲，一开始只想购买90亩指标。如果村里腾出更多指标，新星公司需要投入的资金量就会更大，这对公司来讲无疑增加了不少财务压力。融资困难是社会资金在进入土地综合整理中遇到的普遍现象，自然的想法是向银行借钱。

根据访谈我们了解到，新星公司一开始并不想以自己的名义向银行贷款，而是希望合作社能够作为贷款融资主体。原因有三，一是公司第一次进入土地综合整理领域，缺乏相关工作经验，特别是缺乏与村民直接打交道的经验；二是统筹城乡改革在吸引社会资金进入农村开发建设方面尚未形成一套成熟的操作模式，存在一定风险；三是公司当时缺乏合适的抵押物，若是以集体建设用地使用权作为抵押，则需要经过海量烦琐的审核环节。

以集体建设用地使用权作为抵押的做法，除了灾后重建之外，在成都没有先例。如何突破这一难关是整个项目的关键。这里的核心在于银行凭什么相信合作社及其抵押物，为什么会给合作社放款？

1. 银政合作

最终给合作社提供贷款的是成都银行。2011 年 8 月 3 日，庆西县人民政府与成都银行股份有限公司签订了合作协议。根据协议，成都银行拟在 3 年内为试点乡镇提供不超过 25 亿元的信贷额度。这些信贷额度主要用于农村土地综合整治项目(不超过 15 亿元)、一般场镇改造项目(不超过 4 亿元)、支持农业产业化项目（不超过 5 亿元)、农业大户生产经营贷款（不超过 1 亿元)。

具体到农村土地综合整治及一般场镇改造项目融资，政府和银行的分工相对明确。政府负责向银行推荐试点区域内的农村土地综合整治及一般场镇改造项目，并完善项目的立项、国土、规划、建设等相关手续；负责动员试点区域内的农民自愿放弃宅基地，使其变更为集体建设用地，并办理产权证书进行抵押。银行接受企业、集体资产管理公司和农民专业合作社为贷款主体，并负责制定具体金融服务方案；接受符合银行准入条件的担保公司保证担保、集体建设用地抵押、集体建设用地指标抵押等担保方式。

庆西县政府还负责建立农村产权收购机制，建立农村产权抵押融资风险基金，并将庆西县所有土地拍卖收益的10%纳入风险基金。庆西县政府指定成都银行下属的庆西支行作为风险基金的管理行。当债务预期不能清偿时，由风险基金优先清偿，不足部分由庆西县土地储备中心或当地集体经济组织收购抵押物。

在组织机构方面，庆西县政府与成都银行庆西支行同意共同成立工作小组。工作小组主要负责试点工作的督促和指导，协调各方关系，确保试点工作有序推进。同时，工作小组建立联席会议制度，定期召开会议，及时总结试点工作中的成功经验，研究工作中遇到的新情况和新问题。

2. 贷款流程

按照庆西县人民政府与成都银行的战略合作协议以及成都银行庆西支行的规定，农村土地承包经营权抵押贷款要经过六个步骤，集体建设用地使用权抵押贷款流程与此类似。

第一，贷款申请。由具有农村土地承包经营权农户或具有农村土地经营权的业主①向指定的金融机构②提出贷款申请。

第二，确定融资抵押、担保方式。由贷款申请人与金融机构商定融资抵押（担保）方式进行融资。可以直接以农村土地承包经营权（集体建设用地使用权）抵押贷款，也可以向庆西县蜀兴农村产权融资担保有限责任公司③（简称"蜀兴农担"）提出担保申请，办理贷款担保手续。若是选择蜀兴农担做担保，有可能还需要进一步办理反担保手续。

第三，承包经营权价值评估。贷款人需要请专业的评估机构对其抵押物进行评估，如果涉及工程开发建设项目，还需要提供可行性研究报告。

第四，签订抵押贷款合同。抵押人与抵押权人签订农村土地承包经营权抵押合同（集体建设用地使用权抵押合同）和贷款合同，持相关材料向登记机关共同办理抵押登记。

第五，办理抵押登记。农地承包经营权抵押贷款只需要到当地农业发展局办理抵押登记，而集体建设用地使

---

① 这里的业主可以是农业企业，也可以是农业专业合作组织等。

② 指定的金融机构暂定三家——中国农业银行庆西支行、成都农商行庆西支行、成都银行庆西支行。

③ 公司成立于 2008 年 8 月 12 日，是一家政策性担保机构。在汶川大地震灾后重建中，受灾农户自建住房需要抵押贷款，蜀兴农担应运而生。

用权抵押贷款还需要到国土资源局办理相关登记。

第六，办理贷款。贷款人需要向金融机构提供农村土地（承包）经营权评估报告、抵押登记证明书；签订贷款合同、抵押合同；办理贷款、划转款项手续。

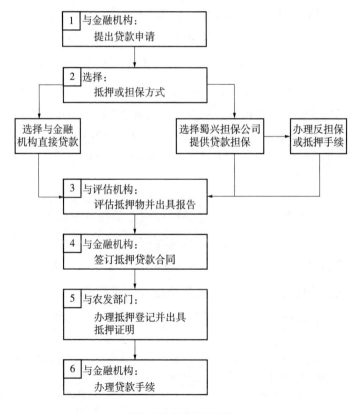

集体土地抵押贷款步骤

3. 评估作价

荷村专业合作社委托成都一家具有 A 级资信的土地评估机构对位于荷村 3、4、5、6、8 组 224 宗农村集体建设用地使用权价格评估。评估结果如下：单位面积地价：375 元 / 平方米（每亩约 25 万元），面积：153883.57 平方米（约为 231 亩），总地价：5770.67 万元。

评估公司的《土地估价报告》中将估价对象价格定义为：作为作价入股的农村集体建设用地，无他项权利限制，宗地外"三通"（即通水、通电、通路），宗地内"场平"（即场地平整）开发程度条件下，规划用途为商服用地，容积率为 0.8，在估价基准日 39.96 年①的土地使用权价格②。

4. 项目可行性报告

在委托评估公司做评估的同时，荷村专业合作社完成了《庆西县荷村土地综合整理项目可行性研究报告》，重新界定了整个土地整理项目的各类要素——人、地、钱。这份报告要提供给成都银行和庆西县国土局、规划局、建设局、农业发展局等部门，所以其中涉及整个项目

---

① 按照《城镇国有土地使用权出让和转让暂行条例》规定，商服用地出让用地最高年限为 40 年，这里是参照商服用地给出的评估。

② 由于在估价基准日，部分地块内有建筑物尚未拆除，估价人员无法核实相关拆除费用，根据合作社提供的资料，地块内安置补偿均已完成，相关费用已全部付清，因此，估价结果包含宗地内的拆迁安置补偿等费用。

的详细规划，特别是成本的测算。

根据可行性研究报告，由合作社通过节约集体建设用地指标 159.64 亩以 35 万元 / 亩 ① 出让成都新星实业有限公司 ②，共计 5587.4 万元来归还。这样，预计可取得出让收益 320 万元，整个项目基本盈亏平衡。项目投资估算内容包括：征地费用、基础设施、财务费用、管理费用、报征费用、不可预见费用等。

根据可行性报告，该项目面临着三方面的风险：

第一，土地出让风险。根据合作社通过整理节约的集体建设用地指标 159.64 亩、与成都新星实业有限合作社以 35 万元 / 亩签订出让协议，共计出让资金 5587.4 万元。由于合作社与新星公司签订的投资出让协议中，合作社承诺整理不低于 90 亩指标，公司承诺支付不高于 30 万元 / 亩的价格。银行的《项目评估报告》认为，指标价格不会有较大波动，故不做敏感性分析。这是因为银行对风险的理解与合作社不同，详见下面对银行《项目评估报告》

---

① 这个价格高于评估公司的评估价格（25 万元 / 亩），也高于新星公司与合作社签订投资协议确定的价格（30 万元 / 亩），事实上能贷到多少钱还需要银行最终确定。

② 根据成都银行的《项目评估报告》，新星公司打造的"果蔬动漫度假小镇"项目占地面积 450 余亩，其中位于庆西县木泉镇部分，占地 300 亩（本项目建设用地指标即落在木泉镇荷村），相邻的古镇境内占地约 150 亩。木泉镇的 300 亩除了这个项目整理出来的 159.64 亩指标，还有荷村 12 组的一个林盘，有 100 多亩指标。

的分析。

第二，拆迁安置风险。项目开发是在集体建设用地的基础上进行土地开发，项目区征地，拆迁安置及配套基础设施建设是业主的主要任务，原有农民的拆迁安置是土地开发的核心工作和关键环节，有可能出现拆迁安置过程中村民的抵抗行为。事实上我们在调查中也发现，并不是所有村民对项目都没有意见。有一位在外地打过工的青年小伙，不满意设计方案中将新居底层一面墙设计成落地玻璃墙，他从安全角度认为应该改成小阳台。但他的意见在很长时间内没有被吸纳，从而产生很大的抵触情绪，从而拖延了项目施工进展。

第三，筹资风险。项目的征地拆迁安置和配套基础设施建设所需要的资金，除了合作社自有资金外，主要来源于银行借款，一旦经济形势发生变化，产业政策和银行的信贷政策进行调整，土地出让工作发生困难的情况，都可能给项目的资金筹措带来风险。合作社负责人回忆起当时申请贷款的情形时，不禁感慨，"政府平台公司来做这个事情啥子事情都不需要我们操心，现在当家了才知道难啊"。他说的就是筹资上的困难。成都银行虽然是成都本地银行，对本地项目支持力度较大，而且与庆西县政府签订了战略协议，也有灾后重建中集体建设用地抵押贷款的经验，但是对合作社来讲，从来没有跟银行打过交道，所以这在他们来看存在拒贷风险。

5. 银行与政府部门协作推进

2011 年 9 月，在合作社编制项目可行性分析报告和评估公司进行第三方评估报告的同时，由成都银行庆西支行牵头，拟定以农民专业合作社为主体申请土地综合整治项目贷款的操作步骤、办理须知，作为第一笔集体建设用地抵达贷款业务，银行在此花费了许多心思。在对成都银行庆西支行负责人的访谈中我们得知，总行专门为荷村的项目成立了一个指导小组，支行专门指派一个人负责与政府相关部门对接工作，一个人负责与合作社和乡镇政府对接工作，还有一个人定期跟新星公司联系，核查相关财务资料。

9 月中旬，在镇政府的帮助下，合作社完成了荷村土地综合整治项目贷款申请资料。在此基础上，木泉镇负责完成荷村专业合作社组织机构代码证、税务登记证办理，完善荷村专业合作社农户宅基地变更为集体建设用地的相关手续。9 月 18 日，庆西县国土局完成《地籍调查表》。至此，银行贷款所需的各项手续均已办成。

9 月 20 日，荷村专业合作社召开股东会，正式讨论向成都银行庆西支行申请信贷业务的相关事宜。此次股东会达成两项决议：一是同意以合作社的名义向成都银行庆西支行申请金额不超过 3600 万元①、期限不超过 24 个

---

① 根据乡镇领导介绍，新星公司购买土地指标每亩不高于 30 万元，荷村土地综合整治项目共整理出不低于 150 亩的集体建设用地指标，因此新星公司购买指标需投入 4500 万元。成都银行根据 4500 万元的 80% 贷出 3600 万元。

月的"固定资产—土地整理贷款"①。二是这一信贷业务由荷村专业合作社以农村集体建设用地使用权抵押方式提供担保。

6.银行对项目的评估

2011 年 10 月，成都银行庆西支行联合总行项目评估中心对荷村土地整理项目进行项目评估。

评估结果认为，荷村专业合作社的客户评级结果为 BBB+；银行认定的总投资 5257 万元与合作社自行编制的项目可行性研究报告一致，其中自筹 1457 万元，占比 27.72%；银行借贷 3800 万元，占比 72.28%，期限 2 年，利率上浮 20%。到评估报告完成之时，合作社已经收取 164 户农户的履约保证金，合计 157.2 万元。由于集中安置区涉及约 20 亩农村承包经营权，实际整理面积约 250 亩（230.86+20），复垦面积约 180 亩（159.64+20），其中有 20 亩将对占用的农村承包经营权进行补偿，实际可获得的建设用地指标约 160 亩（159.64）。

抵押土地共 230.86 亩，均属农村集体建设用地。由专业评估公司进行评估，单价为 25 万元 / 亩（每平方米 375 元），总价约为 5771.5 万元。该抵押地块使用权人为庆西县木泉镇荷村专业合作社，共计 222 个使用权证（相

---

① 这是成都银行针对统筹城乡改革而创新的一种信贷业务品种。

对较为分散），此外地块上尚有待拆迁农户，还需要支付相应拆迁款1558万元，如在预评估价值中扣除该拆迁成本，抵押用地实际价值约4213.5万元。

银行风险评估认为该项目存在四类风险：

一是合规性风险。成都银行《关于对土地整治贷款及地方政府平台公司贷款进行评估的通知》中规定，土地整治贷款额度最高不超过土地收购、整理和储备总构成成本的70%，荷村项目贷款额度超过了控制在总投资70%的要求。荷村土地整理项目的融资主体是集体土地入股成立的土地股份合作社，在银行看来，其资信等级低于政府融资平台公司。另外，目前项目用地以及立项等相关手续尚未完善。因此，项目存在合规性风险。

二是资金风险。项目开发是在集体建设用地的基础上进行土地开发，项目区征地、拆迁安置及配套基础设施建设是业主的主要任务，原有农民的拆迁安置是土地开发的核心工作和关键环节，拆迁安置成本占项目总投资的比例较大。农民拆迁原则上按自主自愿的原则，但仍然存在拆迁款超支以及钉子户的拆迁风险，可能导致总投资超概算。银行对这类风险的估计与合作社一致，毕竟要动员100多户农民自愿参与土地整理项目，在拆迁安置与补偿上存在不可预见的风险是正常的。对银行来讲，这就意味着项目实施中的风险。

三是担保方案风险。荷村土地整理项目由庆西县荷村专业合作社提供，位于木泉镇荷村 3、4、5、6、8 组面积约合 230.86 亩土地作抵押，该抵押物现阶段有价值偏低以及无法处置的风险，并且在贷款期内将出现一定的悬空期①。

四是完工风险。复垦验收需经省国土资源厅进行，复垦的要求相对较高，该项目能否达到复垦的要求将影响建设用地指标的取得。实际上，荷村土地整理项目整理出来的指标在本村范围内使用，因此属于成都市"拆院并院项目"，只需要成都市国土资源局立项、审批和验收②。银

---

① 这里的悬空期指的是一旦土地复垦验收合格之后，土地使用权证将会注销，注销后到新星公司支付收购款前，银行贷款会存在一定时间差。悬空期的出现使得银行资金利用效率降低，而且数额越大，可能的损失也越大。

② 2008 年 7 月，成都市国土资源局印发《成都市集体建设用地整理与集中使用管理暂行办法》，其中第三条规定，集体建设用地整理与集中使用依据审批权限不同分为：由国土资源部、四川省国土资源厅批准的城镇建设用地增加与农村建设用地减少相挂钩项目(简称"挂钩项目")；由成都市人民政府批准的城镇建设用地增加与农村建设用地减少项目(简称"拆院并院项目")。第九条则更加明确地规定，挂钩项目由区(市)县国土资源局向成都市国土资源局提出申请，经审核同意后，报四川省国土资源厅转报国土资源部批准；拆院并院项目由区(市)县国土资源局向成都市国土资源局提出申请，经审核同意后，报成都市人民政府批准。第十二条规定，挂钩项目或拆院并院项目拆旧区和农民集中居住区全部实施完毕后，由区(市)县国土资源局自验后向成都市国土资源局提出验收申请。挂钩项目由成都市国土资源局初验后转报四川省国土资源厅验收，拆院并院项目由成都市国土资源局按项目区实施规划进行综合检查验收并出具验收意见。

行在评估的时候认为该项目是属于四川省国土资源厅审批的"增减挂钩项目"。

7. 风险防范与增信措施

针对上述风险，成都银行提出了相应的防范措施：

一是建议贷款额度调整为 3600 万元，满足贷款额度最高不超过土地收购、整理和储备总构成成本的 70% 的要求。二是建议手续齐全之后放贷，需要出具成都市国土资源局批复的项目立项，成都市规划局出具的详规图，庆西县环境保护局出具的环评批复。

更重要的是，成都银行总行要求各相关方提供三重增信措施。

一是要求庆西县政府设立的农村产权抵押融资风险基金在成都银行庆西支行开立风险基金专户。

二是追加新星公司的连带责任担保，并要求复垦验收合格后新星公司先将相应的收购款（不低于银行贷款本息）支付至成都银行庆西支行账户，方可解除抵押登记手续。

三是由成都银行庆西支行与庆西县国土局、庆西县土地储备中心、庆西县木泉镇荷村专业合作社共同签订四方协议，确定一旦成都新星实业有限公司违约，将由庆西县土地储备中心向成都银行庆西支行收购债权。

有了这三层保障之后，成都银行迈出了集体建设用地使用权抵押贷款业务第一步。2011 年 10 月初，庆西支行向成都银行总行上报项目申请。之后，总行信用审批委员会批复了支行的申请。

11 月 22 日，荷村项目贷款抵押登记手续已完成并合同签订，确定贷款发放时间。到 2012 年初，贷款资金已全部到位。

二、新村建设

1. 新村定位：农民集中建房整理项目

根据国土资源部"万村整治"[①] 工作的部署，成都市国土资源局推进开展"农民集中建房整理项目"[②]。与一般的城乡建设用地增减挂钩项目不同，农民集中建房整理项

---

① 2009 年 3 月 6 日，原国土资源部发布《关于促进农业稳定发展农民持续增收推动城乡统筹发展的若干意见》，提出"积极开展土地整治，促进新农村建设和城乡统筹发展"，当年开始在全国范围内启动"万村整治"示范工程建设。国土资源部重点抓好 1000 个国家级示范点，各省（区、市）开展 9000 个省级整治示范工程建设，形成国家、省两级土地整治示范工程体系。

② 2011 年 8 月 18 日，原成都市国土资源局发布《成都市农民集中建房整理项目管理办法》，所谓"农民集中建房整理项目"，是指依据乡镇土地利用总体规划、城乡建设规划、土地整治规划等相关规划，为改善居住条件和居住环境，农民自愿对原有住房进行拆除后在居住区建房，同时结合田、水、路、林、村综合整治，将原有零星分散的废弃建设用地（包括废弃农村居民点、废弃农村公益设施及公共设施用地、废弃农村工矿用地等）复垦为耕地的行为。

目由成都市人民政府批准实施。成都市国土资源局负责全市农民集中建房整理项目的审查、监督管理和验收工作。区（市）县国土资源局负责本行政区域内农民集中建房整理项目申报和管理工作。这样一来，农民集中建房整理项目的审批过程就比增减挂钩项目简单很多，项目实施的时间大大缩短。

荷村土地综合整治项目被庆西县国土局纳入农民集中建房整理项目范围。庆西县国土局编制了《关于成都市庆西县木泉镇荷村农民集中建房整理项目实施计划》[1]，向成都市国土局递交了《关于成都市庆西县木泉镇荷村农民集中建房整理项目立项申请报告》。荷村项目的新村建设就是根据这两个文件进行规划的。

2011 年 10 月底，成都市国土资源局批复荷村农民集中建房整理项目，包括四项内容，一是项目整理总面积583.15 亩，复耕面积493.45 亩；二是农民集中居住区位置，即荷村 2、5、6、12 组[2]，集中居住区点位 5 个，集中 727 户，集中人数 2237 人，用地面积 171.12 亩；三是产业发展预留区位置，位于荷村 6、11、12、16 组，使用集体建设用地194.49 亩；四是整个项目结余的集体建设用地 217.54 亩[3]。

---

[1] 合作社委托四川旭普信息产业发展有限公司进行编制。

[2] 荷村项目涉及的集中居住点在 5 组和 6 组，整个农民集中建房整理项目还包括 2 组和 12 组的土地整理。

[3] 583.15−171.12−194.49 ＝ 217.54（亩）。

11月22日，根据成都市国土资源局的批复，庆西县国土资源局也对荷村项目做出进一步细化安排，增加了项目建设投资（总投资2300万元）及来源（资金自筹）。

2. 项目的土地利用明细

按照规划，荷村农民集中建房整理项目区由整理复垦区、集中居住区和产业发展预留区组成。整理复垦区位于荷村内，东接西和社区①；西、南与邻县相连。整理复垦区共有搬迁农户532户，1625人，本村总户数903户，2856人，此次项目搬迁比例为57%。该项目整理复垦地块64个。集中居住区5个，分别规划于木泉镇荷村2、5、6、12组，规划集中居住727户，2237人（包括集中居住区内原有居民78户235人，产业发展预留区内原有居民117户377人）。人均综合用地面积51平方米，新村容积率0.6，人均宅基地面积35平方米，人均配套设施占地面积16平方米。

集中居住区总占地面积171.12亩，其中城镇村及工矿用地面积89.70亩，其他用地面积81.42亩（全是耕

---

① 西和社区紧挨着木泉镇政府，是庆西县2007年实施的新农村建设项目，一共安置村民3646人，占地面积206380平方米，建筑面积14.86万平方米，总投资1.8亿元。该项目实施之后，将新增359亩建设用地指置换到庆西县城，复垦后形成连片耕地集中流转给农业产业化公司经营。该项目由成都市小城镇建设投资有限公司和庆西县兴镇小城镇建设投资有限公司筹资运作。

地）。项目产业发展预留区 3 个，分别规划于木泉镇荷村 6、11、12、16 组，总面积 317.75 亩，其中城镇村及工矿用地 123.26 亩，其他用地 194.49 亩（其中耕地 185.10 亩）。项目实施后可增加有效耕地面积 1.30 亩，可节余建设用地面积 216.24 亩，复垦成为耕地。项目区建设期两年，从立项批复之日起两年内完工。其中第一年度复垦面积为 271.40 亩，第二年度复垦面积为 222.05 亩。

从整理复垦区土地利用前后结构对照看，最大的变化是耕地增加，村庄建设用地减少。其中，村庄建设用地减少 412.03 亩，水田增加 485.09 亩，而水浇地减少 63.67 亩，坑塘水面减少 9.39 亩。

整理复垦区土地利用前后结构对照表

（单位：亩）

土地分类		整理前面积	整理后面积	增减	比例（%）
一级类	二级类				
耕地（01）	小计	3711.20	4132.62	421.42	81.40
	水田（011）	3420.60	3905.69	485.09	76.93
	水浇地（012）	290.60	226.93	−63.67	4.47
城镇村及工矿用地（20）	小计	828.30	416.27	−412.03	8.20
	建制镇（202）	63.30	63.30	0.00	1.25
	村庄（203）	765.00	352.97	−412.03	6.95
交通运输用地（10）	小计	179.50	179.50	0.00	3.54

土地分类		整理前面积	整理后面积	增减	比例(%)
	公路用地(102)	56.80	56.80	0.00	1.12
	农村道路(104)	122.70	122.70	0.00	2.42
水域及水利设施用地（11）	小计	342.60	333.21	−9.39	6.56
	河流水面(111)	112.10	112.10	0.00	2.21
	坑塘水面(114)	64.40	55.01	−9.39	1.08
	沟渠（117）	166.10	166.10	0.00	3.27
其他土地	小计	15.50	15.50	0.00	0.31
	设施农用地(122)	8.50	8.50	0.00	0.17
	田坎（123）	7.00	7.00	0.00	0.14
合计		5077.10	5077.10	0.00	100

3. 荷村项目的安置模式

荷村项目范围 230.86 亩，涉及农户 214 户，新房安置模式分三种：货币安置①、统规自建以及统规代（统）

---

① 选择货币安置的农户，按每平方米 220 元（即每亩 146520 元）的集体建设用地补偿款一次性全额领取，不再选择规划建设的新房子。这些农户在外地（镇区、县城等地）都有房子，他们自愿放弃村里的宅基地和房子，也不再享受其他补助；但基本保留了集体经济组织成员的身份，以及土地承包经营权，但土地早就流转出去了。

建。其中24户采用货币安置，其余190户选择集中安置区统一安置。安置区共计71.22亩，分为三个组团，合计安置区面积25744.66平方米，其中统规自建142户①，统规统建48户②。安置区的基础设施和配套包括道路广场、活动中心、乡村酒店、统一风貌等。其中活动中心占地为4.86亩，乡村酒店占地5.98亩③。

在2011年4月4日前，经过多轮磋商，各种类型的户型图已经由规划部门设计出来。在确定自己想要的户型之后，选择统规自建的农户要抽签选择房屋的位置，选择统规统建的农户也要抽签选择具体的楼层。在此基础上，农户需要签字画押，并且交1万元保证金④。在户型图的确定过程中，规划设计部门根据村民的意愿，需要不断调整具体的细节，这是最麻烦的一个阶段。经过两三个月的协商与讨论，2011年7月，合作社统计出了农户根据意

---

① 选择自建的农户中，点内（5组和6组）有87户，点外55户，共计142户。

② 48户是笔者根据项目实施初期的征求意愿表统计出来的，最后有30多户选择统规统建，18户转为统规统建。选择统规统建的农户大多家庭经济情况比较差，愿意住高一点，节约出来的建设用地指标就多一些，如果原来的宅基地和林盘地面积足够大，这部分农户还可以拿一部分补偿款装修房子，收益分配的具体分析见下一章。

③ 该酒店由新星公司出资修建，部分农户自愿以土地入股，每5平方米为一股，酒店由新星公司经营，酒店的修建以及经营性收益分配方案待项目建成后制定。

④ 如果违反规划擅自修建房屋，就会从中扣除一部分钱。如果没有违反规划，在项目结束之后，这部分钱就退还。

愿选择的户型信息。

在选择户型阶段，一共 153 户 505 人确定了户型。其中，132 户选择统规自建，21 户选择统规统建。通过下面的汇总表我们可以看出，选择自建 3 人户最多，一共 72 户，占已确定总数的 47%。选择一人户、二人户、五人户和六人户的加起来共 13 户。

户型汇总表①

类别			1 人型	2 人型	3 人型	4 人型	5 人型	6 人型	汇总
			A1	C4	A1	B2			
已确定	自建	2	6	72	8		42	2	132
预计		2	1	5			1		1	10
已确定	统建			14		4		3		21
预计				10		14		3		27
已确定户数			153 户，505 人						
预计户数			37 户，130 人						
预计总数			190 户，635 人						

① 以下表格统计信息在 2011 年 7 月 7 日完成，后来还有一些变化，统规统建户减少，而统规自建户增加。

4.建筑工程及监管

施工建设是项目落实的关键，经过联合议事会讨论，合作社决定采取施工组织和监督分离的办法，由业主委员会组织施工单位进场施工，由联合议事会、维权自治会代表群众实施建设现场监督、协调群众之间权属调整、纠纷调处等。项目建成后，由新型集体经济组织和业主委员会对工程数量、质量进行验收，帮群众算好账。

业委会统一招了12家自建施工承建方①，供统规自建的农户选择。这些公司都有正规的资质，提供企业法人营业执照、安全生产许可证、税务登记证等证件的复印件。

5.建筑费用

统规统建的建房成本按市价算。当时，庆西县内农村建房成本大约每平方米1400元，为减轻农户负担，新房建设成本压到1100元。另外，超出人均35平方米部分每平方米多加220元。以三人户型为例，一般的三人户型面积在110平方米左右，人均35平方米共计105平方米，这部分的代建成本是每平方米1100元；超过的5平方米

---

① 这12家建筑公司有国企也有民企，有庆西本地企业，也有成都市里的企业。

按每平方米 220 + 1100 元计价，两部分总计 122100 元。

统规自建，就是由规划部门统一规划，农户自行建设，材料自己买，施工队伍也是自己选。农户也可以选择让施工队包工包料（即双包），价格是每平方米约 860 元，比临县古镇集中居住区的成本要高，后者是 820 元左右。根据村支书的介绍，原因是荷村的集中居住区地基挖得比较深，日后发展乡村旅游，方便往上加盖。

统建密度高，承担的公共面积要小一点。自建的面积要大一点，花的钱多一点。统建人均扣除公共用地 45 平方米，自建人均扣除 60 平方米，所以统建的人多得 15 平方米（补偿），等于少付 3300 多元，平均每平方米少 100 元。

6. 建房指标交易

农民在选择户型的过程中涉及一个问题，即那些原本可以安置到户型较多的农户可能不需要那么多户型，但安置到户型较少的农户可能需要更多的户型，这两类农户之间就存在着指标的交易，交易的金额由双方协商议定。

按照规定，指标交易的出让方（即甲方）为木泉镇荷村土地综合整理项目区内拥有合法集体建设用地的集体经济组织成员；受让方（即乙方）为庆西县范围内的城乡居民。本着平等公平自愿的原则，甲方将项目规划区的聚居点人均综合用地指标①自愿流转给乙方，乙方在合法取得流转后的综合用地指标后，只能用于在规划区内聚居点居住房的修建，不得以任何方式或任何理由将流转后的综合用地指标再转让和用作其他非居住房使用。甲方将流转综合用地指标自愿流转于乙方后，甲方将不再享受已流转综合用地指标在项目区内的各项政策。自愿流转协议一式五份，镇、村、组、甲、乙方各执一份。

在我们收集到的资料中，一共有 22 份自愿流转协议，其中涉及点内与点内的协议、点内与点外的协议、点内与庆西县域内城乡居民间的协议。这些协议存在以下特征：

（1）有些协议的受让方除了支付指标购买金额之外，还需支付基础设施与风貌费，而且金额不定。前文讲到，每户参与项目的农户需要支付 2 万元基础设施与风貌费，在指标交易的过程中，有些出让方要求受让方同时支付这部分钱，因为在他们看来，将自己的指标让渡给对方的同时，自己应当承担的基础设施和风貌费应该少交一点。但是对于合作社来讲，指标交易并没有减少总体的建房数量，因此最后这部分钱就落到了指标受让方身上。是否由受让方支付一部分基础设施和风貌费，则由双方自由协商而定。

---

① 一个单位指标是 60 平方米，合计 0.089 亩。

（2）我们收集到的流转协议中共有4份的"出让方"写的是村主任的名字，这是由于项目前期启动时有四户农户将自身指标通过现金结算方式由公司进行了回购，在项目过程中，公司对农户出让指标较多的问题提出了不愿收购农户指标，农户必须通过自由买卖把自己已经出让给公司的指标出让出去，所以通过协商后以村主任（村主任为合作社法人）名义将前期已出售的指标出让给后期需要指标的农户，从而出现了没有对应指标方的问题。

（3）在这些协议中，有两个人不是荷村人，但购买了建房指标，一个是来自庆西县另一个乡镇的农村居民，另一个来自四川省凉山彝族自治州甘洛县，也是农民。这两位在荷村务工多年，也愿意落脚于此，所以购买了建房指标并参加新村建设，但他们的户口并未迁移过来。

（4）有两个指标出让方来自点外（非5组和6组），两宗交易的指标分别是60平方米和50平方米，指标金额为20000元与18000元。

（5）指标交易金额各不相同，单价最高达2万元，最低0元，即出让方将指标赠送给受让方。加上基础设施和风貌费，最高55797元。

建房指标自愿流转情况统计表

出让方① （甲方）	受让方 （乙方）	指标金额 （元）	基础设施与 风貌费（元）	协议签订日期
胡全（7）	尹中（3）	20000	0	2011-11-26
张世何（5）	张杰（5）	18600	0	2011-10-17
张良（5）	张启（5）	19000	0	2011-09-08
合作社（6）	付春（6）	15299.92②	12000	2011-06-24
张辉（6）	张松（6）	0	0	2011-06-08
合作社（5）	张全（5）	11599	7000	2011-06-01
合作社（5）	刘珍（5）	11599	7000	2011-05-25
合作社（5）	张林（5）	34797③	21000	2011-05-27
李棋（4）	李荣（4）	18000	0	2011-05-18
尹杰（3）	何彬（3）	25000	0	2011-05-18
张家（5）	张良（5）	19000	0	2011-05-13
余勇（5）	张辉（5）	11800	7000	2011-05-10
张伦（5）	王良（5）	24000④	14000	2011-04-26
张家（5）	张杰（5）	11500	7000	2011-04-25
余云（5）	张彬（5）	11500	8500	2011-04-25
杨林（5）	付林（5）	11500	8500	2011-04-22
赵文（6）	付群（6）	15300⑤	12000	2011-04-22
杨华（6）	张云（6）	11500	7000	2011-04-21

① 这里的所使用的名字都是化名。
② 出让方以每亩17万元将1个指标(0.089亩,60平方米）流转给受让方，计15299.92元。
③ 受让方购买了3个指标，每亩按12.8万元算，共计34797元。
④ 受让方购买了2个指标，每亩按12万元算，共计24000元。
⑤ 出让方以每亩17万元将1个指标(0.089亩,60平方米）流转给受让方，计15299.92元。

出让方 （甲方）	受让方 （乙方）	指标金额 （元）	基础设施与 风貌费（元）	协议签订日期
张文（5）	何涛（5）	10200	7000	2011-04-21
赵明（6）	赵芳（6）	15300①	12000	2011-04-18
赵元（6）	李贤（6）	153005	12000	2011-04-18
王光（6）	付君（6）	30600②	24000	2011-04-13

① 出让方以每亩17万元将1个指标（0.089亩,60平方米）流转给受让方，
计15300元。5出让方以每亩17万元将1个指标（0.089亩,60平方米）
流转给受让方，计15300元。

② 出让方以每亩17万元将2个指标（0.178亩,120平方米）流转给受让方，
计30600元。

第五章 收益分配与政府约束条件的变化

收益分配是土地整理项目的关键，分配结果是否获得农户的同意，决定了自主整理、流转建设用地的顺利开展与否。在调查中我们发现，农户谈得最多的是与收益分配有关的各种细节，农户之间进行各种比较。村庄所保存的档案中，与收益分配有关的资料最为丰富。本章详细分析农户、村集体、乡镇政府、市政府以及企业的成本收益，在此基础上与征地模式和政府主导的增减挂钩做法下各方的收益分配做一个横向比较，最后说明政府在什么条件下可能会支持并鼓励农村集体自主整理、流转土地。

一、新星公司与农户之间的赔付细则

1. 资金分配总体方案

根据荷村与新星公司达成的分配方案，新星公司通过土地整理可以获取不低于 100 亩的集体建设用地指标，其支付的成本包括：节约的集体建设用地补偿费用、土地复垦费用、房屋及附着物补偿费用、搬迁奖励费用、过渡费、搬家费、规划设计费用、工作经费和不可预见费等。新星公司需要支付合作社每亩30万元的指标购买费，总投资3000万元。在此之后，由于有临近村组的农户加入，节约的集体建设用地指标增加至不低于150亩，按照每亩30万元计算，新星所需支付购买指标的费用达4500万元。

由于5组和6组资源禀赋（人地比例）不一样，合作社讨论的结果是，具体的赔付按照"联合开发、总额包干、分组算账"的原则进行。各组自行制定赔付细则，按照各组别不同情况，分别计算补助标准，以此解决组与组、户与户之间收益差异较大的问题。新星公司对5组和6组所支付的赔付标准是一样的，即每亩30万元，这些钱包括用于项目实施的所有成本。

2. 安置点外的补偿方案

由于新村安置点占用的是5组和6组的土地，而项目还有别的组成员参加，合作社讨论认为，点内（5组和6组）与点外在赔付标准上应当有所区别。在调查中我们了解到，点外的农户希望参加项目必须满足一定的要求，一是土地资源要够多，也就是建设用地（包括宅基地和林盘地）规模要比较大，最后能够节约的建设用地指标也比较多；二是参与农户在居住上必须连片，比如围绕着一个林盘的几户农户都参与进来，如果零散居住，不影响他人的也可以。三是点外农户需要先要向合作社报名，合作社根据规划安置数量，依报名先后顺序核定安置对象。四是点外农户需要按照人均 2 万元的标准，缴纳基础设施配套费和住房风貌金。点内的基础设施配套费和住房风貌金由新星公司和农户共同支付，两个组各不相同，后文在分组细则里讨论。

安置点外的农户具体补偿方案如下：

（1）对土地的补偿。集体建设用地扣除人均 60 平方米的综合用地面积①后节约 90 平方米以上的，节约面积按照每平方米 220 元进行补助；扣除综合用地面积后，不足 90 平方米的，不足部部分，按照 400 元 / 平方米的标准由搬迁户缴纳补足。

（2）搬迁补助。集体建设用地扣除综合用地面积后节约 90 平方米以上的，按照每人 1.5 万元的标准给予搬迁补助。另外，其所有附属物（含房屋）必须按规定时间拆空，且不予赔付。

（3）货币安置。自愿放弃住房安置的，经合作社同意，可以进行货币安置，按 220 元 / 平方米对其集体建设用地进行补助，不再享受其他补助。在货币安置上，点内和点外实行统一标准，即每平方米 220 元（每亩 146520 元）补偿。

---

① 安置点外的农户扣除的人均综合用地面积比安置点内大，后文详述。

3.5 组的赔付细则

2011年3月22日,5组召开户代表大会,讨论通过《荷村土地综合整理项目收益分配细则(草案)》。

首先确定赔付总额,由投资协议确认的单价乘以节约出来的集体建设用地面积。这里的协议确认的赔付单价指的是赔付土地的价格,不包含土地复垦费、规划设计费、工作经费和不可预见费等费用。单价为每亩约24万元(实际为240393.69元),5组节约出来的集体建设用地面积是根据深化确权阶段给组集体和集体经济组织成员核发的集体建设用地证书和宅基地证书,以及集体建设用地股权证中记载的面积相加得出来的,总共是36.394亩,二者相乘约870万元(实际为8749028.47元)。

其次确定土地、房屋和附着物的赔付标准。在这一阶段,5组的赔付标准前后经过两次讨论方才定案。在第一稿中,5组和6组的赔付标准是一样的,即(房屋以外的)宅基地和林盘地每亩补17万元,楼房每平方米补150元,小青瓦(即平房)补100元,棚房补50元。这样算下来,土地赔付353万元左右,房屋和附着物赔付191万元左右。但由于5组人多地少,如果按照这个标准执行,会导致组内成员之间分化很严重,甚至有些农户因此而无法支付修建新房的费用。

于是5组经过讨论,在赔付总额不变的前提下确定了另外的一套赔付标准,即楼房每平方米200元,小青瓦 150 元，棚房 50 元；（房屋以外的）宅基地和林盘地每亩 12.89 万元补偿。这一稿改变了赔付土地和房屋及其附着物的比例，使得 5 组内部户与户之间的赔付金额差距缩小，大多数组员都付得起新修房屋所需的费用。

农户的庭院、房前屋后和林盘地大多种一些青苗，这部赔付比较琐碎，详见下表。

搬迁地上附着物及青苗补偿标准

补偿名称	规格	补偿标准
青苗	旱地	200 元 / 亩
	水田（小春）	300 元 / 亩
	水田（大春）	400 元 / 亩
坟墓		300 元 / 座
竹子		0.5 元 / 棵
树木（胸径）	1—5 厘米	0.5—2 元 / 棵
	6—10 厘米	3 元 / 棵
	11—20 厘米	6 元 / 棵
	20 厘米以上	10 元 / 棵

4.6 组的赔付细则

与 5 组一样，6 组在同一天召开户代表大会，讨论通过了收益分配细则。

首先确定赔付总额，由投资协议确认的单价乘以节约出来的集体建设用地面积。单价为每亩约 24 万元，节约的面积为 38.618 亩，二者相乘为 928 万元（实际为

9283523.63 元）。

其次确定土地、房屋和附着物的赔付标准。（房屋以外的）宅基地和林盘地每亩 17 万元，楼房每平方米补150 元，小青瓦（即平房）补 100 元，棚房补 50 元。搬迁地上附着物及青苗按补偿与 5 组一样。

5. 基础配套费和保证金

集中居住区除了农户所居住的楼房之外，还需要修建基础配套和一些风貌。合作社与新星公司商量的方案是，5 组由村民付 7000 元，新星付 1.3 万元；6 组由村民付 1.2万元，新星付 8000 元；安置点外的农户 2 万元均由自己支付。新星公司所出的资金从投资总额里扣除，不再单列。

为了保证项目顺利实施，鼓励搬迁户提前搬迁，并严格按规划设计要求修建房屋，每户需缴纳 1 万元保证金。这部分钱等项目实施验收合格之后，农户在不违反总体规划的情况下，可以全额退还。

6. 几个补偿实例

我们在调查中收集到若干案例，可以分析不同位置（安置点内、安置点外）、不同安置方式（货币安置、统规统建、统规自建）下农户的搬迁补偿情况。

（1）安置点内——货币安置

张伦是 5 组村民，他选择的安置方式是货币安置，他最终获得的补偿有 21 万多元。具体而言，由于在规定日期完成搬迁，获得搬迁奖励 8300 元；他家原来住的是 268.34 平方米的小青瓦房（即平房），获得补偿金额为 40251 元（每平方米 150 元）；房前屋后种着不少树木，这些附着物一共补偿 41055 元①；2 座坟墓，合计补偿 600 元；对集体建设用地的补偿是最多的，这部分包括集体土地股权 47 平方米、宅基地 423.87 平方米、林盘地 187 平方米，总面积 0.987 亩，获得集体建设用地补偿总金额 127181.56 元（合计每亩 12.89 万元）。由于张伦选择了货币安置，他家里两口人的建房指标（每人综合用地 60 平方米）就流转给本组的王良，这部分获得收益 2.4 万元。以上总计 241387.56 元。庆西县区 2011 年普通商品房均价 3500 元，张伦的这些补偿可以在市区购买一套两室一厅将近 70 平方米的商品房。

（2）安置点外——货币安置

李平是 4 组村民，他选择的安置方式是统规自建。由于家住安置点外，李平没有获得地上附着物的补偿。他所获得的是集体建设用地补偿，包括三部分，集体土地股权面积 97.44 平方米，宅基地面积 432.54 平方米，林盘地 235.2 平方米，总面积 765.18 平方米，所获补偿总金额为

---

① 树木按照直径大小补偿，分为"1—5 厘米、6—10 厘米、11—20 厘米、20 厘米以上"4 档，价格各不相同。

168339.6 元（每平方米 220 元）。

（3）安置点外——统规自建

甘林是 4 组村民，他选择的安置方式是统规自建。他所获得的补偿来自各类集体建设用地，集体土地股权面积 97.44 平方米，宅基地 310.84 平方米，林盘地 359.19 平方米，总面积 767.47 平方米，可获得补偿金额为 168843.4 元。扣除人均综合用地面积 150 平方米（3 人 450 平方米）之后，还剩 69843.4 元。假定甘林一家人口人要建一个 110 平方米的新房，每平方米造价 1000 元，则需要 11 万元；在补偿款之外，他还需要支付 4 万元左右。

（4）安置点外——统规统建

叶琼是 11 组村民，她家的资源比较少，选择的是统规统建。她所获得的补偿有：集体土地股权面积 64 平方米，宅基地 197 平方米，林盘地 78.08 平方米，总面积 339.08 平方米，可获得补偿金额为 74597.6 元。扣除人均综合用地面积 150 平方米（3 人 405 平方米）之后，需要倒贴 14502.4 元。

二、项目各方的成本收益

荷村项目共整理土地 230.86 亩，涉及 214 户，669 人。安置点面积 71.22 亩，涉及 190 户，635 人，项目验收后节余集体建设用地 159.64 亩。这是整个项目的概况。

参与这个项目的各方包括新星公司、农户、合作社（村集体）、乡镇政府、成都银行以及庆西县政府。

1. 新星公司的成本与收益

经过土地综合整理，新星公司获得了整理后节约的土地指标，付出的成本是每亩不高于 30 万元的指标购买费用。当时成都市域内其他地方的集体建设用地指标交易价格约在每亩 38 万—40 万元，因此新星公司的这笔投入不算太高。由于参与项目的农户所组建的合作社是整个项目的实施主体，新星公司少了很多操作上的麻烦。在访谈中，新星公司的负责人说，以前他们在拿地的时候，参与拆迁安置过程需要花费很大的人力物力。荷村这个项目是他们第一个非征地的项目，直接跟村民打交道对他们来讲极其困难。与此同时，作为第一个"吃螃蟹者"，从项目实施过程来看，新星公司所承担的风险还是比较大的。

另外，该项目以合作社为融资主体，向银行抵押贷款。这样一来，新星公司不用直接面对巨大的资金压力，而且可以分散一部分风险。在访谈中，新星公司的负责人说，他们之所以不愿意充当债务主体并不是公司的实力不足，而是担心项目的风险集中在自己身上，出了问题都需要自己来承担。由合作社作融资主体，对新星公司来讲，不仅可以规避财务风险，而且还可以最大程度地隔离政策风险。统筹城乡改革在成都热火朝天地搞了三四年，成为这座城市的新名片，但现行法规政策对集体建设用地流转（包括抵押）的各种限制依然存在。尽管庆西县分管领导、乡镇领导一再跟新星公司的负责人解释成都的各种"例外"，包括灾后重建中社会资本进入农村的做法，但新星公司负责人还是很难完全信任。由合作社作为融资主体则避免了新星公司被"套牢"，也有助于动员双方最大程度地投入精力促成项目实施。对于新星公司来说，这150多亩指标落地时，还需要支付三部分钱，一是给农户的补偿，这部分基本按照征地补偿的标准，即不超过土地原用途前三年平均年产值的30倍，大约每亩3万—4万元。二是与农地转用相关的税费，这部分成本大约是每亩6万元①。三是社保支出。近年来，一些投入土地整理的公司还为集中居住的农户购买"征地农转非人员社会保险"②，这部分成本摊到每一亩地大概是5万—7万元。完成这些偿付之后，就可以进行开发建设。这样一来，新星公司以45万元/亩左右的价格获得了集体建设用地40年的开发权。如果新星公司要从公开的土地市场上通过招拍挂获得土地，至少需要支付80万元/亩的国有土地出让

---

① 农地转用税费包括3类，即耕地开垦费（又叫占补平衡费）、新增建设用地有偿使用费和耕地占用税。成都实施的标准是，耕地开垦费每亩2.5万元，新增建设用地有偿使用费每平方米24元，耕地占用税27元，总计5.9万元。

② 具体标准参照2004年成都市政府发布的《成都市征地农转非人员社会保险办法》。

价款，还需要交纳数额不少的税费。总而言之，新星公司以不到国有土地出让一半的价格获得了同等年限的集体建设用地使用权，大大节省了开发建设成本。

2. 农户的成本和收益

荷村参与项目的农户共214户，669人；农户所获得的搬迁补偿包括土地补偿费（2000万元左右）、房屋及附着物补偿（400万元左右）、搬迁奖励费（94.4万元）、搬迁过渡费（80.28万元）、青苗补偿费（60万元），共计2634.68万元，折合为人均3.94万元，户均12.3万元。

农户需要支付的是人均2万元的基础设施配套和风貌金，安置点外的农户（290人）全额支付2万元，点内5组村民（202人）付7000元，6组村民（177人）付1.2万元，平均下来每人1.4万元，户均4.36万元。

参与项目的农户所得减去支付的费用，剩余的资金为，人均2.54万元，户均7.94万元。以一个三口之家计算，假定他获得了平均的赔付水平，即7.94万元；建新房成本大约是每平方米1100元，三人户新居110平方米的施工总成本为12.1万元。平均而言，总成本超出收益4.16万元。此外，农户装修新房的成本大概是5万—8万元。农户搬新家需要自己掏的钱是9万—13万元。如果农户自己拆旧房子，建一个同样面积的房子，则需要17万—20万元。换言之，指标流转为农户盖新房子省了一半钱，这还不算 1000 多万元的基础设施配套、风貌改善、乡村酒店入股和将来因项目而带动的就业收入。

另外，荷村有一个皮鞋厂的旧厂房在项目区内，占地将近 1 亩，连同上面附属物的补偿一共是 584787 元。在访谈中，老板王总告诉我们，她将自己的旧厂房搬迁补偿分给集中居住的村民。这样，平均每户村民得 3078 元。王总是本村人，她的皮鞋厂在村里已经十几年，村里有几十个人在她的厂里上班。由此一来，每户农户获得的净补偿增加到 8.25 万元，修新房也少掏了 3000 多元。

需要注意的是，农户之间所需要支付的成本与其所在村组有关系。5 组和 6 组作为安置点内的农户，他们的一部分基础设施配套和风貌费由新星公司支付，安置点外的农户需要自掏人均 2 万元的基础设施配套和风貌费。另外，两者在附着物的赔偿上也有较大的差距。因此，这个项目最大限度地保障了 5 组和 6 组农户的利益。从最后收益分配统计上看，共有 10 人（5 组 9 人、6 组 1 人）的建设用地补偿金不足以覆盖基础设施配套和风貌费、人均综合用地；如果加上附着物补偿，点内参与项目的全部村民都可以覆盖基础设施配套和风貌费、人均综合用地。点外有一半农户的拆迁补偿金不足以覆盖基础设施配套和风貌费、人均综合用地，但这部分农户都是自愿加入项目，其经济实力和参与意愿相对比较强。

3.合作社与村集体

从整个项目运行的财务资料上，我们没有办法看出合作社和村集体的收益和成本。一个重要原因，是在项目实施之前，荷村完成了对农村各项资源、资产的确权颁证，对于合法取得的农用地、集体建设用地、林地和房屋直接确权到户；对于不能确权到户的就采取股份量化的方式分配到相应的集体经济组织成员身上，农户获得股权证书。并且农户通过集体经济组织成员会议的方式，签订了农村产权关系"长久不变"的决议。

在项目实施之后，节约出将近 160 亩建设用地指标所对应的耕地归属是个重要议题。在成都的土地整理项目中，有些整理出来的耕地归村集体所有，有些归农户所有，也有集体和农户按比例分享。我们在成都下辖的鹃县和灌州县调查过两个农民自主整理建设用地的案例，那里的集体建设用地整理出来的耕地进一步确权到农户，其流转的租金收益归农户所有。重庆市的地票制度设置中，统一规定扣除复垦成本后，净收益按照 85∶15 的比例支付给复垦宅基地及其附属设施用地的农户和农村集体经济组织，农户所得每亩不低于 12 万元，农村集体经济组织所得每亩不低于 2.1 万元。复垦农村公共设施、公益事业等建设用地的，扣除复垦成本后，剩余价款全部划归相应的农村集体经济组织。集体经济组织的收益主要用于本集体组织成员社会保障及基础设施、公共服务设施建设。

调研中了解到，整理出来的 160 亩耕地收归村集体所有，这部分耕地转包出去的价格是每亩每年 800—1000 斤稻米所对应的市价，每斤大米在 2012 年价格为 2 元左右，合计 1600—2000 元。因此，村集体以后每年可获得的租金收入为 25.6 万—32 万元。随着大米价格的逐年上涨，这部分租金也会随之增加。

另外，总的资金方案里设置了管理费，这部分钱是归村集体所有。按照项目投资估价，从房屋建造费用（主要是村民活动中心）、基础设施配套和搬迁补偿费的总和中提取 1.5% 作为管理费，总计 64 万余元。这部分钱主要是用来支付相关人员的劳务、项目实施产生的办公费用等，可以算是合作社收入。此外，集中居住区的公共服务设施物业部分归村集体所有，这也算是一笔"固定资产收入"，但由于无法交易流转，难以确定其价值。

4. 成都银行的成本和收益

成都银行为此项目提供 3600 万元的贷款，利率上浮 20%，2 年下来最多可以获得利息收入 660 万元。从长远来看，成都银行通过这个项目积累了重要的经验，探索了集体建设用地抵押贷款的新路径。笔者 2012 年 5 月在鹃县调查集体建设用地自主整理、流转中的银行贷款情况时了解到，当时只有成都银行和成都农商银行为这类项目提供贷款，四大国有银行和全国性股份制银行大多处在观望中。

　　成都银行的大股东（持股比例超过 20%）是成都投资控股集团有限公司，后者是 2008 年 10 月 31 日成立的成都市市属大型国有企业，主要业务是成都市管理经营性资产、投资地方金融产业和利用创新金融产品融资①。成都银行主要的业务在于为成都市政府的各项事业提供资金支持，统筹城乡作为成都市最重要的施政战略，也是成都银行信贷资金主要的投放方向。在对成都银行相关负责人的访谈中我们了解到，成都银行的定位是抓住成都市推进"统筹城乡综合配套改革试验区""世界生态田园城市"建设，以及"成渝经济区"、四川"天府新区"、重庆"两江新区"、陕西"西咸新区"建设等重大历史机遇，积极拓展业务。在荷村项目实施之前，成都银行与庆西县政府达成战略合作协议，成都银行为庆西县推进生产要素自由流动改革提供授信额度 25 亿元。荷村项目是这个战略合作协议下迈出的第一步，对成都银行推进政银合作有重大意义。

　　根据成都银行公布的年报，截至 2011 年底，成都银行的十大贷款客户中有八家是政府融资平台公司或其

---

①　成都投控公司业务覆盖银行、证券、保险、担保、小额贷款、融资租赁、典当、产业基金、创业投资、产权市场、资产经营、金融服务等多个领域。截至 2012 年底，集团注册资本金 50 亿元，账面总资产 201 亿元，实际控制资产达 4000 亿元。目前，集团旗下拥有 12 家全资子公司和 2 家合伙企业，控（参）股 22 家公司，这些公司大多是成都市中小国有金融机构和政府融资平台。

关联公司。这八家企业的贷款占成都银行总贷款余额的6.58%。自 2010 年底开始，国务院及相关金融监管机构不断发文，严格限制银行等金融机构向地方政府融资平台公司提供贷款支持。成都银行的业务因此受到极大的限制。据了解，2011 年成都银行庆西支行的信贷额度只有 1.2 亿元，较往年大幅减少，而且不能给政府融资平台公司提供贷款。这使得支行需要"自谋出路"，而荷村项目正好缓解了支行的放贷压力。进一步讲，由于有了庆西县土地储备中心、新星公司加入担保行列，为项目提供了极大的增信，项目的风险大为下降。

三、政府约束条件的变化

站在 2011 年荷村项目实施的时点看，当时的土地政策体系框架由 1998 年修订出台的《土地管理法》确定，最重要的有以下几点，一是国家为了公共利益的需要，可以依法对土地实行征收或者征用并给予补偿；二是任何单位和个人进行建设，需要使用土地的，必须依法申请使用国有土地；三是征收的农用地，按照被征收土地的原用途给予补偿，各类补偿总额不得超过土地被征收前三年平均年产值的 30 倍。在这三条规定下，农地入市作非农化使用唯有通过政府征地方才合法。

数据表明，2000 年以来，城市建设所占用的土地，便主要靠征用获得（刘守英，2012）。政府一方面低价强制从农民手中征收土地，另一方面作为土地市场唯一合法的供地者高价出售土地，以此赚取高额价差。

1.政府从土地中的直接收益与成本

值得注意的是，随着城市化速度加快、土地价值不断上升，农民的权利意识也逐渐觉醒，在这一背景下，土地征收成本也大幅上涨。

财政部历年公布的《全国土地出让收支状况》显示，2008年全国土地出让收入9942.1亿元，土地出让总成本达到5576.8亿元，包括征地拆迁费用（3662.1亿元）、失地农民补助（157.7亿元）、企业职工安置费（782.4亿元）、土地出让业务费（71.1亿元）、前期土地开发（903.4亿元）。土地出让总成本占收入56%，2010年这一比例上升为58.4%，2012年受《国有土地上房屋征收与补偿条例》出台的影响，成本占比飙升至78.3%。由于地方政府提供公共服务、保障民生的主要资金来源是土地出让收入，当土地出让成本不断上升时，地方政府可用于民生支出的部分越来越少。需要注意的是，地方政府这些民生支出大多是由中央政府指定的，是需要完成的硬任务。

2008年土地出让收益4563.08亿元，这些收益用来支付民生支出达到4581.58亿元，甚至超支18.5亿元。这些所谓民生支出包括国有土地收益基金，农业土地开发支出、新增建设用地有偿使用费、保障性安居工程支出、城市建设支出、农村基础设施建设支出，2012 年又加入教育支出、农田水利支出。2010 年土地出让收益 12215.99 亿元，各类支出则达到 11197.46 亿元，结余仅有 1018.53 亿元，占土地出让收益的 8.35%，占土地出让总收入的 3.46%。换言之，在 2010 年假定一亩土地拍卖得 100 万元出让收入，扣除成本和各项支出外，仅剩下 3.46 万元。这是全国平均的情况，各城市之间差异很大，规模大的城市土地出让成本占出让收入的比重往往更高，在扣除各项民生支出之后的盈余比例也就越小。

在对成都市国土资源局相关人员的访谈中我们得知，成都市作为国家副省级城市，近年来在全国城市 GDP 排名中顺利跃升前十名，土地征收成本明显高于全国平均水平，尤其是中心城区，即便是用作商业和住宅用地出让，出让成本都超过了收益。以 2010 年为例，成都市在该年度获得土地出让收入 881 亿元，是 2009 年的 1.36 倍；扣除征收拆迁补偿和前期开发成本之后，土地出让收益为 389 亿元；相关建设资金支出达到 370 亿元，因此结余资金仅 19 亿元，占土地出让收益 4.9%，占土地出让总收入的 2.2%。简而言之，假定一亩地在成都拍卖出让得 100 万元，最后结余资金仅 2.2 万元。

以荷村的土地综合整理项目为例，假定庆西政府没有免除新星公司的基础设施配套等相关税费，则可以获得

12%—17%的税费收入。更重要的是，政府并没有为这个项目投入任何资金，这些税费收入可以算作是纯收入。由此可见，从单纯的土地出让收入来看，政府有足够的激励让社会资本参与土地整理，获取相应指标之后在规划和用途管制约束下自行开发建设。

2. 土地作为融资抵押物的效应

由于土地不仅仅可以通过出让获取当期收入，而且可以通过抵押融资撬动更多资本，地方政府通过土地得到的就不仅仅是"直接收入"，而且包括近年来形成的巨量贷款融资。

地方政府通过土地抵押融资的做法一般是由地方政府融资平台公司(或称"地方政府投融资平台")来完成的，这是因为我国《预算法》规定，地方政府不能负债①。作

---

① 1994年3月22日，八届全国人大二次会议通过了《中华人民共和国预算法》，第二十八条规定，地方各级预算按照量入为出、收支平衡的原则编制，不列赤字。除法律和国务院另有规定外，地方政府不得发行地方政府债券。2014年4月修订的新《预算法》第三十五条规定，经国务院批准的省、自治区、直辖市的预算中必需的建设投资的部分资金，可以在国务院确定的限额内，通过发行地方政府债券举借债务的方式筹措。举借债务的规模，由国务院报全国人民代表大会或者全国人民代表大会常务委员会批准。省、自治区、直辖市依照国务院下达的限额举借的债务，列入本级预算调整方案，报本级人民代表大会常务委员会批准。举借的债务应当有偿还计划和稳定的偿还资金来源，只能用于公益性资本支出，不得用于经常性支出。

为变通方式，各地成立政府控制的融资平台公司来举债进行土地收储、基础设施建设。

地方政府投融资平台在 20 世纪 90 年代初由上海浦东新区首创，之后不少地方加以模仿复制，但扩张速度一直比较平稳，转折点发生在 2008 年底。2008 年国际金融危机爆发，国家出台了"四万亿"经济刺激方案。除了积极的财政政策之外，金融机构随之实行适度宽松的货币政策，大量货币投向市场[1]，而地方政府融资平台公司[2] 的举债融资规模则在这一过程中迅速膨胀，形成大量债务[3]。这些

---

[1] 2008 年 12 月 8 日，国务院办公厅发布《关于当前金融促进经济发展的若干意见》，提出保持银行体系流动性充足，促进货币信贷稳定增长；追加政策性银行 2008 年度贷款规模 1000 亿元，鼓励商业银行发放中央投资项目配套贷款，力争 2008 年金融机构人民币贷款增加 4 万亿元以上。2009 年 3 月 18 日，人民银行和银监会联合下发《关于进一步加强信贷结构调整促进国民经济平稳较快发展的指导意见》，直接提出"支持有条件的地方政府组建投融资平台，发行企业债、中期票据等融资工具，拓宽中央政府投资项目的配套资金融资渠道"。

[2] 根据《国务院关于加强地方政府融资平台公司管理有关问题的通知》定义，地方政府融资平台公司是指由地方政府及其部门和机构等通过财政拨款或注入土地、股权等资产设立，承担政府投资项目融资功能，并拥有独立法人资格的经济实体。

[3] 2011 年 6 月 27 日，国家审计署的公布《全国地方政府性债务审计结果》（2011 年第 35 号）显示，截至 2010 年底，全国地方政府性债务余额 107174.91 亿元，其中 48.85%共计 52358.8 亿元是 2009 年以后新增的；2009 年债务余额比 2008 年增长 61.92%，是改革开放以来最大的年度增幅。在政府性债务余额结构中，地方政府融资平台公司的债务余额为 49710.68 亿元，占总债务余额的 46.38%。

债务大多都与土地出让、抵押有关①，极大地强化了地方政府对土地的依赖。由于国家在土地和金融领域均实行高度管制，地方政府在经济刺激计划的实施过程中存在诸多不规范的地方②，同时也累积了不少风险。2010 年 6 月 10 日，国务院出台《关于加强地方政府融资平台公司管理有关问题的通知》，要求地方各级政府对融资平台公司债务进行一次全面清理，全面收紧银行业金融机构向融资平台公司的信贷规模。2010 年 7 月 30 日，财政部、国家发展改革委、人民银行、银监会联合发布《关于贯彻国务院关于加强地方政府融资平台公司管理有关问题的通知相关事项的通知》，进一步明确了规范和限制地方政府融资的各项细则。

---

① 在审计署公布的公报中，部分地方的债务偿还对土地出让收入的依赖较大。2010 年底，地方政府负有偿还责任的债务余额中，承诺用土地出让收入作为偿债来源的债务余额为 25473.51 亿元，占总债务余额的 23.77%。需要注意的是，总计 84679.99 亿元（占总债务余额的 79.01%）的银行贷款与 7567.31 亿元（占总债务余额的 7.06%）的债券中，绝大部分是直接或间接由地方政府融资平台公司等机构提供土地担保的。

② 与地方政府融资平台公司的迅速膨胀相伴随的是，其受到的监管非常少。有学者指出，直到中国银监会开始关注对地方政府融资平台公司的贷款规模，才发现几乎完全没有它们的信息。在此之前，它们生存于中国混合型经济的缝隙中，从来没有给它们安排过一个监管机构，也没有谁要求定期报告它们的活动（Wong，2013）。地方政府融资模式实际上是在"没有框、没有度、没有责"的"三无"约束状态下运转（王元京等，2010）。

对于包括成都在内的绝大多数地方政府来讲，中央限制地方政府融资平台公司的规定极大地限制了其举债扩张行为。在对成都银行某支行负责人的访谈中我们得知，从 2010 年底开始，银行业金融机构的对信贷资金的监管和控制非常严格，尤其是对地方政府融资平台公司的举债行为更是"前所未有的严格""几乎把门关紧"。然而，平台公司的融资需求并未降低，反而因着"保增长"的压力而越发强烈。许多平台公司被迫转向信托、券商、保险与资金子公司，这些金融机构的融资成本远高于银行，而且需要更为严格的担保、增信条件。

3. 可能的出路与不同的认识

成都市走向允许、支持和鼓励社会资本直接进入土地综合整理的约束条件自此显得明晰。一方面，依靠土地出让获取的纯收入越来越少；另一方面，由于地方融资平台受到严格限制，融资成本高企。在这种约束条件下，成都市及下辖区县政府可以继续走"征地出让—抵押融资"的老路子，也可以利用此前完成的土地和房屋确权颁证的成果，引入社会资本，解决土地综合整理缺乏前期垫资的难题。事实上，成都市同时利用融资平台和社会资本为土地综合整理融资。

在这里，有必要回应一下学界对增减挂钩政策以及成都统筹城乡研究的分歧。

　　在一些学者看来，由成都市政府融资平台公司主导的增减挂钩、土地综合整理项目剥夺了农民的利益，最终并没有完全保障农民的利益。相反，支持者则认为，这种通过空间位置的置换而释放级差土地收入的做法巧妙地解决了保护耕地资源和保障经济发展的两难问题（北京大学国家发展研究院综合课题组，2010）。

　　如此看来，增减挂钩政策既是成都统筹城乡改革中关键性的政策工具，又是各方学者争议的焦点，因此我们有必要深入探究这一神秘的"资本形成"过程。成都市第一个增减挂钩项目区是在郫县，拆旧区林村面积2294亩，共有农户411户，总人口1434人。林村集体建设用地共548.6亩，通过整理，在本村建新区占地112.26亩，新增的拆旧复垦耕地为263亩。263亩挂钩周转指标[1] 所落的土地（在县城附近）在市场上每亩拍得420万元，总价款超过11亿元。除去各项税费5.6亿元，余5.4亿元人民币。其中，为林村的村庄整理、建新、拆旧等共花费5500万元，等于每亩新增指标20万元，为落下263亩建设用地，各

---

① 所谓"周转指标"指的是，上级政府下达给增减挂钩试点项目区所在政府的建设用地数量，这些建设用地等于拆旧区的农村建设用地减少部分，也等于建新区的城镇建设用地增加部分。《关于规范城镇建设用地增加与农村建设用地减少相挂钩试点工作的意见》规定，挂钩周转指标专项用于项目区内建新地块的面积规模控制，并在规定时间内用拆旧地块复垦出来的耕地面积归还，归还的耕地面积数不得少于下达的挂钩周转指标。

项房、地、安置补偿 8000 多万元，合计每亩 40 万元。整个项目净余额 4 亿元，归鄃县政府所有 ① ；当然，整个过程也是由鄃县政府及其下属机构主导。通过收益分配我们可以看出，各级政府从挂钩中获得的收益（包括各种税费）达到 9.65 亿元，这就为政府积极推动增减挂钩提供了有力的佐证（周其仁，2017）。

从账面上看，建设用地的空间置换确实"折腾"出了资本，但这有赖于几个条件，一是城市化过程中不同位置之间存在的基础土地收益。城市化的本质是人口和各类资源的集聚，在集聚基础上产生高度发达的专业化生产水平和分工体系，后者则释放出较高水平的生产率和经济产出。城市化的经济效果在空间上的表达就是不同的土地上的经济产出相差巨大，换句话说，某些城市地区的经济产出将会比其他城市和农村地区的经济产出高得多 ② 。二是土地用途管制制度和建设用地增减挂钩政策人为地赋予建设用地更高的经济价值。土地价值不仅受到土地利用形态所能带来的未来收入预期影响，也受到特定用地制度的影

---

① 鄃县 2006 年国民经济和社会发展统计公报显示，全年实现财政总收入 14.33 亿元，其中，地方财政收入 9.43 亿元，地方财政一般预算支出 6.93 亿元。4 亿元净收入对鄃县政府来讲无疑是一笔较大的收入。

② 根据世界银行的研究（世界银行，2009），世界上大部分生产活动都集中在大城市、领先省份以及富裕国家。半数的生产活动位于 1.5% 的陆地区域。经济集聚的现象不仅发生在发达国家和地区（北美、欧盟和日本），而且发生在发展中国家（巴西、埃及等）。

响。在现行基础设施条件下，绝大部分的农村建设用地所能产出的经济价值并不高，但是通过增减挂钩、土地综合整理之后，建设用地复垦为耕地的同时生成一种抽象的建设权利——建设用地指标（重庆称之为"地票"）——具有经济价值。三是由于土地所承载的经济活动能够产生持续的未来收入流，这就意味着土地可以作为一种资本品，进而可以进行抵押融资。引入金融工具之后，土地不仅可以"折腾"出资本，而且不同土地所能"折腾"出的资本之间的差异将会成倍地放大。

可以看出，增减挂钩和土地综合整理在项目区位置较好、土地级差收益较大的地区能够取得很好的经济收益。问题的关键在于，实施主体是谁、产生的收益如何分配。政府主导的融资平台公司作为"半政府机构"，其行为难免带有强制的味道，而在项目实施之后的收益分配上，农民作为弱势一方，其利益得不到完全保障也是可以推知的。作为追求建设用地结余指标最大化的地方政府，在增减挂钩和土地综合整理项目实施过程中，激励推动农民住高楼、提高集中居住区容积率也是符合其行为激励的。

上两章的案例分析和本章的收益分配比较表明，政府在土地经营收益降低和抵押融资受限的约束条件下，可能会允许社会资本直接参与土地综合整理，政府从中抽取一定税费。进一步说，如果是社会资本直接进入村庄，与农户成立的集体经济组织（土地股份合作社或资产管理公司）进行平等谈判，就更有可能促成对双方都有利的交易方案。

需要注意的是，政府约束条件的变化说明了农民自主实施项目的必要条件，但一个项目能够顺利实施，从头到尾需要完成诸多环节。笔者在成都调查过程中发现，除了荷村之外，还有若干个村庄都采取了农户成立集体经济组织作为土地综合整理项目的实施主体。通过比较分析这些案例，有助于我们更为透彻地理解农民自主实施项目的充分条件，这是下一章的主要任务。

第六章　建设用地自主流转的多种形式

通过荷村的案例及其收益分配的分析，我们得知，当地方政府在由自己主导土地综合整理所获得的净收益低于让其他社会主体介入而给政府缴纳相应税费时，政府的行为可能会发生变化。我们在调查中发现，荷村的做法并不是孤例，在成都下辖的各区县均有类似的案例。本章继续探究两个建设用地（指标）自主流转的案例，在此基础上借助成都农村产权交易所提供的数据，简要分析各类流转行为的特征。

一、金陵二组①：灾后重建中的创举

1. 灾后重建开口子：扩大增减挂钩范围

2008 年"5·12"汶川地震中，成都市西郊几个市县

———————

① 这一节部分资料来自北京大学国家发展研究院综合课题组 2011 年 12 月完成的课题报告《走向城乡联合重建——都江堰联建政策实践经验研究报告》以及相关的访谈记录。

受灾严重①，需要进行灾后重建。对于受灾地区来说，在短时间内筹集足够的重建资金有很大难度。在中央政府的授权下②，成都市政府决定通过扩大建设用地增减挂钩项目区范围，让近郊区县出钱购买远郊区县的建设用地指标。这样一来，就能解决一部分灾后重建的资金动员问题。

灌州市金陵村的大部分房屋受损，需要进行重建。与大部分灾区一样，大多农民没有足够的资金修建房屋。对于那些地处青城山附近的村民来讲，灾毁房屋的重建可以引进社会资本，国务院、相关部委与成都市政府对此都有明确的鼓励政策③。金陵村的位置没有那么好，所以只能以建设用地指标流转给政府的方式为灾后重建筹集资金。

---

① 全市在地震中倒塌的城镇住宅和农村房屋 28.37 万套，面积约为 4269.7 万平方米，其中大部分是在农村（成都市国土资源局，2013）。

② 2008 年 "5·12" 汶川地震过后，时任国家主席胡锦涛在成都视察抗震救灾时作出 "用统筹城乡的思路和办法抓好抗震救灾的灾后重建工作" 的指示。6 月 11 日，国土资源部下发《关于实行保障灾后恢复重建特殊支持政策的通知》，其中第七条规定，扩大挂钩试点支持灾后重建。

③ 2008 年 6 月 8 日，国务院发布《汶川地震灾后恢复重建条例》（国务院令第 526 号），其中第五十六条规定，国家鼓励公民、法人和其他组织依法投资地震灾区基础设施和公共服务设施的恢复重建。6 月 26 日，成都市政府发布《关于坚持统筹城乡发展加快灾后农村住房重建的意见》，明确规定，积极引导社会资金直接投资重建项目，吸引社会资金与农户、农村集体经济组织合作，联合重建。地处青城山风景区附近的农户大多采取与社会资本 "联合重建" 的方式完成筹资，因为这些地方位置比较好，容易吸引社会资本进入。

2.初步方案

金陵村距离灌州市区 7 公里，但村庄并不靠近交通要道，出门不方便。金陵村二组共有 78 户人家，300 多人，占地 282.4 亩，村民以务农为主。2008 年金陵二组村民人均纯收入仅 2000 元，地震前农户的老房子占地面积大，但大多比较破旧。

2008 年成都市推行农村产权制度改革，在外经商多年的老杨被二组村民推选为组长。在老杨的积极运作下，金陵二组被纳入试点村组①。由于农户的建设用地（包括确权之后的宅基地、林盘地和集体建设用地股权）差异太大，若是严格按照每亩 15 万元的指标收购价款分配，有一部分建设用地较少且家里比较穷的农户就没有足够的资金重建房屋。这时候老杨与农户商量出一个"兼顾公平"的方案：以节约出建设用地 140 平方米为线，若是农户在扣除新居占地之后能够节约出 140 平方米，则能免费获得人均 40 平方米的新房；若是节约的建设用地面积少于 140 平方米，则需要将自家的自留地（属于耕地）交给村组，用于补偿新居占地农户；若是节约的建设用地面积超过 140 平方米，按照每亩 5000 元的价格予以补偿。

---

① 金陵村一开始并不在政府划定的挂钩项目试点范围内，老杨找到了灌州市政府国土资源局等部门，表达村里自行筹资进行灾后重建的想法，最后被列入试点。

重建采取自愿报名参加的方式，二组报名参加的有 60 户①，其他村组共有 123 户参加，整个项目共有 183 户参加。由于项目要占用二组的地建新居，所以参与项目的外组村民要作出更大的"贡献"，即每 3 人（大约 1 户）要节约 1 亩建设用地指标，同时需要将人均 70 平方米的承包地无偿流转给二组被占地的村民。这样下来，整个项目整理的建设用地共 150 亩，新居占地 40 亩，节约建设用地 110 亩。

3. 项目筹资

虽然灌州市政府承诺以每亩 15 万元的价款购买建设用地指标，但这些资金需要等建设用地整理出来才能兑现。因此，在项目拆旧建新的过程中，需要自行筹资。由于大多数农户手头并不宽裕，筹资的重任就落到老杨身上。

经过测算，新居"金陵花园"项目建设需要投入的资金超过 2300 万元，包括土地复垦（60 万元）②、宅基地超标补偿（10 万元）、基础设施（人均 5000 元，共 283.5 万元）、新房建设（1955 万元）③。这部分钱从何而来呢？

---

① 另外 18 户因各样原因没有参加。这也体现了农户自主与政府主导的差别，政府主导往往带有强制性，要求整村整组的村民都参加。

② 每亩预计 3000 元，需要复垦的土地共 200 亩。

③ 建筑面积约 2.3 万平方米，每平方米造价 850 元。

国家和成都市灾后重建补助 350 万元左右；参加项目的村民每户缴纳保证金 1000 元，项目建成后退还，这部分仅 18.3 万元。除这两部分之外，项目还缺 1900 多万元。参加项目的村民利用确权颁证后的承包地经营权"三户联保"向银行抵押贷款 300 多万元，灌州市国土资源局借支 300 多万元，其余 1000 多万元由老杨个人垫资①。

4. 收益分配

老杨垫资 1000 多万元投入项目建设，就等于将项目的绝大部分风险担在自己身上。在按照之前与灌州市政府的协议，金陵二组将村里节约出来的、分散的 76 亩建设用地指标流转给政府，后者将指标挂钩到近郊区，从而获得了 1140 万元的指标价款。这部分指标流转的价款全部用于偿还房屋重建的债务②，加上各级政府补助的钱，基本能够覆盖前期的贷款和垫付的成本。除了指标流转的 76 亩地之外，还有一块连片的林盘地 34.04 亩地，位于村口，城际干道正好位于新居安置点旁边。这样一来，这块地一下子就成为成都市区到青城山路上的风水宝地。金陵

---

① 老杨自掏现金 300 多万元，向亲友和银行借贷 700 多万元。

② 由于在项目运行过程中有 5 户中途退出，完工之后，那 5 套房子以每平方米 2000 元的价格卖出去。另外，有一部分选择统规自建的农户后来选择了统规统建，节约了一部分成本。这样算下来总建安成本大约 1650 万元。76 亩指标流转价款刚好够用于偿还之前的债务。

二组将这块地拿到成都农村产权交易所公开挂牌出让①。
2010 年 12 月 25 日，经过若干轮竞拍，最终以每亩 44.2
万元的价格成交，使用期限是 40 年，用途为商业旅游，
初步用来搞乡村养老。

拍卖所得价款 1504 万元，这部分钱分成三部分。首
先，扣除相关税费，一是上缴灌州市政府每亩 3 万元的基
础设施配套费；二是集体建设用地流转须缴纳 2% 耕地保
护金和 3% 交易契税，合起来约每亩 2 万元；三是给相关
农户缴纳社保和部分青苗补偿，每亩 17 万元。其次，在
土地使用权进入成都农交所拍卖之前，金陵二组与灌州市
国土资源局曾经有过协定，拍卖价款低于 32 万元 / 亩部
分全部归金陵二组所有，高于 32 万元 / 亩部分由灌州市
国土资源局与金陵二组五五分成，这样，需要支付灌州市
国土资源局 6 万元 / 亩的价款。

最后，扣除上述分成之后，剩下 16 万元 / 亩（总计
544.64 万元）在金陵二组内部分配。经过大家商议，这
部分资金中的 30%（共计 163.39 万元）归村组所有，用
于发展集体经济；剩下 70% 中的 30%（共计 114.37 万元）

---

① 一开始，老杨想着自己来开发这块地，但由于作为商务旅游开发投入至
少上亿，一时拿不出这么多钱。后来想到靠自己的关系网络，以土地作
价入股寻找合作开发，但对方给的股份太少（10%）。在一次与灌州市
国土部门交流过程中，老杨得知灌州一些地方将废弃的小学和工厂整理
出来，拿到成都农村产权交易所挂牌出让，结果交易价格达到每亩 26
万元。受此启发，老杨想到将 34 亩建设用地拿到交易所挂牌出让。

在金陵二组内部按人头平分，户均可得 14663 元；70%中的 70%（共计 266.87 万元）在参与金陵花园项目中的二组 60 户农民内部按人头平分，户均可得 44478 元。

5. 各方利益比较

（1）参与项目的农户。假定二组一家三口参加了项目，原来的宅基地、林盘地等建设用地共 400 平方米。三口人新居占地 100 平方米，建筑面积 120 平方米。需要付出的建安成本是 10.2 万元，拍卖土地补偿近 6 万元，政府补贴 1 万元，节约建设用地超出 140 平方米部分补贴 1200 元。这样算下来，该农户只需要支付 3 万元就可以完成毛坯房建设，再付出 5 万元左右装修，可以住进新村。农户的收益还不止于此，建设用地复垦出来的承包地仍归自己所有，每亩每年可获得 1000 斤左右稻米的市价。

（2）村组的集体资产。地震前，金陵村大多农户靠种地为生，生活很穷困，集体资产基本为零。项目实施之后，村组一下子就有了 163.39 万元的收入，这笔钱可以用来发展集体经济，与外来投资者合作。需要说明的是，在成都市推行的农村产权制度改革中，大部分村庄进行了清资核产，将能确权到户的资源和资产确权到户，不能确权到户的则进行股份量化。经过这一处理，基本没有保留集体资产。村集体经济组织在开展工作中需要一些经费支出，特别是在土地规模流转过程中与外来资本方合作，需要花费一些钱。金陵二组的项目给集体带来的收入正好可以弥补这方面的不足，使集体经济组织更好地服务于农户与外来资本。

（3）政府的收益。灌州市政府在这个项目中获得的收益共 374.44 万元，分为两部分，一是各类税费，包括基础设施配套费、耕地保护金、交易契税等，共计 170.2 万元；二是与金陵二组的协议分成，共计 204.24 万元。要知道，政府在这个项目中所付出的成本几乎为零，整个过程都是由老杨与金陵二组的村民自主进行。因此，政府所获得的收益可以视为纯收益，尤其是 200 多万元的协议分成。

（4）社会资本方的收益。成都汇凯公司以 44.2 万元 /亩的价格获得 40 年的集体建设用地使用权，用来发展乡村养老。如果公司购买的是国有土地，同期单价至少在 90 万元 / 亩。由此可见，公司以国有土地一半左右的价格获得集体建设用地使用权，不可谓不划算。在公司开展高端养老的同时，金陵花园二期中的三四层用来搞中端养老，部分农户的自住房用来搞低端养老，这一养老体系的建立有助于将来公司进一步拓展业务。

二、指路村："五自模式"

1. 指路村概况

指路村位于鹃县北大门，全村面积 2989 亩，其中农村集体建设用地 606 亩，农用地 1972 亩，共有村民小组 10 个，村民 528 户 1819 人。指路村有两大特色产业，即鸟笼竹编传统手工业 ① 和青韭菜种植产业。目前全村共有鸟笼从业人员 170 户 300 余人，2011 年实现销售收入 3100 多万元。青韭菜已初步建成 300 亩的种植基地，2011 年实现销售收入 480 多万元。2011 年全村村民人均纯收入达到 16312 元 ②。

截至 2011 年 6 月，指路村已完成了农村产权制度改革确权颁证各项工作和全村 10 个社的集体资产"海清"工作 ③。村民收入虽然比较高，但居住条件都很差。村里 80% 以上的房屋是平房，甚至还有几十户人住在"泥巴墙"里。第一次调查时，我们在去村里鸟笼编织的"祖师爷"老王师傅家的路上有 200 多米是泥泞土路，走到他家时鞋子上都是泥。

地震过后，灌州等地方通过灾后重建明显改善了居住环境。指路村的村民很快就得到这个消息，他们手头又有不少积蓄，所以特别期待能够住上现代化的农村新居。在

---

① 该村的竹编鸟笼是川派鸟笼的代表，产品在国内供不应求，近年来更是远销日本、韩国、新加坡等国家和地区。

② 《2011 年成都市国民经济和社会发展统计公报》显示，2011 年成都市农村居民人均纯收入 9895 元，指路村的人均纯收入比全市平均水平高出三分之二。2011 年全国农村居民人均纯收入 6977 元，指路村的人均纯收入是全国 2.3 倍。

③ 这是当地老百姓发明出来的口号，全面清理资产就是"海清"。

完成全面确权一个月之后，指路村"两委"先后多次组织议事会成员、村民代表、村社干部、党员代表到灌州等地的农民新型社区实地参观、学习，召开村民代表会议、坝坝会、村民座谈会等各种会议 50 多次，讨论土地综合整治事宜。

在参观学习和反复开会之后，绝大部分村民认为，大家收入都还不错，应该走一条自己主导的道路，即由村民自己出资，自己建设，自己整理土地，自己单独或者引进投资企业发展产业，盈亏自负、风险共担的土地综合整治新模式，来实施土地综合整治、农民新居建设和产业发展。这一套做法被村民概括为"五自"模式，即自我融资、自我整理、自我建设、自我开发、自我收益。

2. 村民自主筹资

土地综合整治的一个关键环节在于前期的筹资。在指路村决定实施项目之前，村民主导的土地综合整治一般有两种筹资模式，一是成立集体经济组织，向银行贷款融资；二是引入社会资本，让后者出钱。向银行贷款需要支付的利息不少，引入社会资金则需要让渡一部分指标，这两种对于资金实力比较强的指路村村民来讲都不划算。

在访谈中，指路村支书说，他们在调查摸底中概算过，按照全村 90% 的村民参与土地综合整治项目，土地复垦、基础设施配套、高标准的新居建设等成本加起来大概需要 1.15 亿元，人均 7 万元。这么大的一笔资金不可能一次性到位，所以村"两委"决定将项目分成三期。

由于村民对于由自己主导土地综合整治项目没有任何经验，第一期项目一开始仅让80多户参与。参与项目的农户需要缴纳人均1万元的保证金，这部分钱在一天之内就缴纳完毕。

对于资金有困难的农户来讲，他们采取了三种途径加以解决。一是将整理结余的集体建设用地指标的预期收益转让给本村其他农户或者集体资产管理公司，从后者那里提前获得建房所需资金，一期项目中有6户村民通过这种方式筹集到86万元；二是将统一规划、划地建房的部分基地面积转让给本村其他农户，一期项目中有7户村民通过这种方式筹集到资金35万元；三是采取农村产权抵押的方式向银行贷款融资，一期项目中有4户村民通过这种方式筹集资金46万元。通过这三种方式融资总额共167万元，占农户总投入的13.5%。

3.成立集体资产管理公司

在村民代表大会议定土地整理方案、农民新居建设方案、土地复垦方案和配套的具体实施细则之后，参与项目的农户利用确权后的集体建设用地使用权入股，共同出资100万元①，于2012年2月注册成立了"鄃县指路集体

---

① 参与项目的户数占全村90%，共计476户，每一户平均出资2100元。

资产管理有限公司"，作为土地综合整理和新村建设的实施主体①。在缴纳保证金之后，农户需要与集体资产管理公司签订土地整理协议，将拆除建设用地之后的指标流转给集体资产管理公司。

第一期项目的聚居点选在村口，属于原址拆建，由于没有占用耕地，所以不需要国土部门审批，只要符合村庄规划即可修建②。2012 年 5 月，一期项目开工建设。按照此前村民代表大会讨论形成的方案，项目采取拆旧复垦与新居建设同步推进，参与一期的农户执行拆除旧房，村里负责统一复垦。2013 年 11 月，笔者再次走访指路村时，一期新居建筑面积 1.35 万平方米大多已经建成，64 户 218 人大多已经搬迁入住。

---

① 这个集体资产公司不仅仅是为了土地综合整理，还有后面的实体经济运作和整理出来的建设用地开发利用。资产管理公司在注册时要求股东数量不能超过 50 个，所以指路村由农户推选股东代表，由股东代表再推选股东。指路村也考虑过采用合作社的形式，但由于合作社要求入社自由，退社自由。土地综合整治开展到一半，如果有农民说不参与了，就要把土地退回去，这个很麻烦。村里把经营性资产都放到资产管理公司，这就把经济职能和行政职能有效分开。但二者之间也是有联系的，在老百姓看来，把资产交给集体资产管理公司，也要有村里面的行政约束，才能保证资产安全。如果以市场化方式运作，聘请经纪人管理，最后资产的风险比较大。因此，虽然是设置了行政机构和经济职能的剥离，但实际上对农民而言，两者没什么区别。
② 二期项目涉及 200 多户 700 多人，新居占地 3.2 万平方米，由于要占用耕地，所以还在等待国土部门的审批。

4.新居的规划建设

在规划设计上，根据农户自主选择的安置点位和户型结构，集体资产管理公司委托专业的设计机构进行新村规划设计。规划设计过程充分征求了村民意见，村民提出要在新居设计车库，设计公司就专门为三人户和四人户的新房设计了一间车库，两人户大多是老人住的，没有车库。规划设计一共花了800万元，在当地算是最高标准，该方案还获得了成都市建设局新村设计奖。

在建设上采取了统规自建的方式，按照"统一风貌设计、统一工程招标、统一施工建设、统一监督管理"的办法，由参与农户与集体资产管理公司签订新居委托代建协议，委托集体资产管理公司采取公开比选招标的方式，确定有资质的建筑施工单位实施新居建设。据村支书介绍，新居按照能住100年的标准建设，为了保证工程质量，集体资产管理公司组织全体参与农户共同评标，每一户都有投票权，投完票之后当场唱票、当场签字，公平透明地确定施工单位。村民议事会和村务监督委员会成员全程监督。

在项目实施的监管上，由全体参与农户选出7名群众代表组成监督小组，负责对原材料、施工现场等进行全程监督，确保工程质量和施工安全。与此同时，监督小组还负责对资产管理公司的资金使用情况进行监督并公示，确保项目资金公开透明。

5. 自主发展特色产业

指路村的产业有两大类，即竹编鸟笼和青韭菜。通过村民议事会和村民代表大会的讨论，指路村鼓励村民以结余的集体建设用地入股的方式，交由资产管理公司统一经营、开发和管理。集体资产管理公司共获得 18 亩集体建设用地，用于规划建设集鸟笼文化研发、鸟笼工艺展示、鸟笼产品销售等功能于一体的"古城鸟笼制作展示中心"。除此之外，等二期和三期项目实施之后，集体资产管理公司还打算开发文化旅游①、特色餐饮、乡村酒店等产业。

青韭菜种植是指路村特色产业，由于地处鹃县北大门，指路村的青韭菜经过 5 公里的运输距离就到了一个大型农产品交易市场，从那里再销往阿坝州和甘孜州等川西地区。依托青韭菜种植基地，指路村组建了"鹃县古城指路绿色蔬菜有限公司""指路村青韭菜专业合作社"，鼓励吸收村民以承包地或者现金入股的方式参与，按照市场化、专业化、标准化、规模化的模式营运，实现青韭菜农

---

① 1997 年全国十大考古发现之一的古城遗址位于指路村内，古城是距今4700 年的古蜀国居民所建，他们从青藏高原下来，顺着岷江到了现在指路村附近，在那里定居并修建了一座长 700 多米、宽 500 多米的古城。古城遗址的发现将长江流域的人类文明发展史提前了 1700 多年，被国家文物局认定为长江流域人类早期文明发源地，是第二批国家重点文物保护单位。现在古城遗址被埋在指路村的耕地下面，指路村希望将来能够将这个古城遗址开发出来。

技、种植、销售、品牌营销、物流等各个环节的"一条龙"服务。2013 年 11 月笔者走访指路村的时候了解到，目前合作社吸引了 150 多户村民加入，已建成青韭菜基地 500 多亩，远期规划的基地种植面积达到 1500 亩。预期 2013 年青韭菜的销售收入可以突破 600 万元，比 2011 年增加了 25%。

6. 收益分配

土地综合整理项目的收益主要在于结余建设用地指标的流转。集体资产管理公司与同一乡镇另一个村庄洽谈指标流转交易，那个村庄有一个园区建设需要指标，准备以每亩 38 万元的价格购买指路村的指标。指路村三期项目估计共节约 270 亩建设用地指标，若是全部流转，可获得收益超过 1 亿元。目前一期整理出来的 30 亩指标已经确定流转出去，二期和三期节约的指标还没有最终确定是否流转。随着基础设施的完善，指路村打算在适当的时机引入社会资本共同开发，集体资产管理公司则以土地入股。

按照村民约定的方案，指标流转的全部用于补贴新居建设，如果指标全部流转，农户参与新居建设人均只需要花费 1.6 万元。2013 年指路村的人均纯收入约 1.8 万元，新居建设所花费的成本对农户来讲并不算太高。

2013 年 11 月我们走访了搬进新居的任师傅，原来家里住的条件很差，从村口到家里只有一条小路，一张桌子搬不进去，需要 2 个人抬。任师傅的职业是编织鸟笼，一家 5 口人，老宅子和林盘地加起来 700 多平方米，将老宅子复垦之后任师傅选了一个三人户，建了一处占地 100 平方米、两层楼的房子。任师傅另一处住宅准备在项目二期的时候修建，这样一来就不用一次性拿出太多钱。任师傅把老宅子交给集体资产管理公司之后，获得了人均 2.5 万元的建房补助，这些钱足够用来建新房，装修和买家具则由自己掏 10 万元，这些钱都是任师傅这几年编织鸟笼赚的。在任师傅看来，即便不住在现在的地方，老房子也需要翻新，但没有规划得像现在这么好。现在住进新房子之后，有人来订鸟笼就能开车到家门口，非常方便。

第一期项目中入住的 64 户有一半左右的农户是做鸟笼的，每户年收入都在 10 万元左右，因此对于建新房压力不是很大。第一期所节约的土地相对来讲不算太多，因为这些收入较高的农户都想住得宽敞些。尽管住进新居之后的水、电、煤气等生活成本较之前平均增加了 30%，但对于这些农户来讲问题也不大。集体资产管理公司有了收入之后，也会拿出一部分钱来为集中居住的农户支付这些费用。

三、集体建设用地自主流转的多种形式

在经历了统筹城乡和增减挂钩试点授权、农村土地和房屋确权颁证、灾后重建允许社会资本进入农村开发建设、农村产权交易所积极运作、农村产权抵押融资顺利突破等过程之后，成都市集体建设用地自主流转形成了极为丰富的合约体系。

北京大学国家发展研究院综合课题组在对成都土地流转进行深入研究之后，将这些流转案例划分为 20 类，其中，流转标的物为建设用地与建设用地指标的案例有 15 类。我们可以通过交易的标的物、面积或案例数量、交易双方、交易方式、期限等条件进行分析，探究影响农民收益的原因（北京大学国家发展研究院综合课题组、李力行，2012）。

这些案例发生在 2008 年之后，与政府征地给农民平均补偿 5.4 万元／亩相比，建设用地（指标）流转给农户带来的收益普遍翻了几倍，最高达到 37 倍。第 9 类体现的是建设用地指标增减挂钩，由政府主导进行配置，其价格是每亩 15 万元。其余的指标流转方式要么是由农户(集体）与社会资本自行协商，要么是在农村产权交易所挂牌、拍卖，其交易价格是政府主导的增减挂钩价格的 2 倍以上。

成都市建设用地（指标）流转案例

(收益单位：万元／亩)

序号	标的物	面积或案例	交易双方	交易方式	期限	收益
1	建设用地	10 户	农户与他人	自行协商	永久	200
2	建设用地	700 户	农户与他人	自行协商	永久	100
3	建设用地	1 亩	农户与农户	组内联建	50 年	66
4	建设用地	2000 例	农户与他人	联建	40—50 年	39
5	建设用地	1 例	农户与他人	联建	50 年	164
6	建设用地	1 例	农户与他人	联建	50 年	231
7	建设用地	3 例	政府与公司	挂牌、拍卖	40 年	130
8	建设用地	30 亩	农户与公司	拍卖	40 年	38
9	建设用地指标	50000 亩	政府内部	行政配置	永久	15
10	建设用地指标	2000 亩	政府与公司	拍卖	永久	72.5
11	建设用地指标	500 亩	政府与公司	挂牌	永久	30
12	建设用地指标	160 亩	集体与公司	自行协商	40 年	30
13	建设用地指标	200 户	集体与公司	自行协商	永久	35
14	建设用地指标	20 户	集体与公司	自行协商	永久	40
15	建设用地指标	几十户	农户与集体	自行协商	永久	80

至此，我们可以清晰地看出，农民自主实施的土地整理所获得的收益远高于政府主导的增减挂钩项目给农民

带来的收益，更不用说征地给农民的补偿。之所以收益会有如此大的变化，关键原因在于，农民能否自行决定其财产权利的实施。在农民自主实施的项目中，农民可以决定出让土地（指标）或者自己使用，可以依据市场出价确定流转对象，流转方式、期限、价格都可以平等协商。在这个意义上讲，只有让农民真正拥有属于自己的财产权利，才能在市场交易的条件下充分释放其级差收益，进而实现更为合理的分配。

第七章　还权赋能的制度结构及逻辑分析

成都市如何从统筹城乡改革中走出建设用地分利流转的道路？回答这个问题需要进入成都市从 2008 年甚至更长一段时间以来的制度结构背景。作为"全国统筹城乡综合改革配套试验区""城乡建设用地增减挂钩试点"，成都市获得了较大的政策试验空间。但是试点的方向往何处走，并不明确。

在推进农村土地和房屋确权颁证的过程中，汶川地震对成都统筹城乡改革的方向影响甚大，为了在较短时间内完成灾后重建，政府允许社会资本进入灾后联合重建，从而打开了城乡资本和土地要素的对流通道。成都市政府为了进一步扩大土地资源的配置范围，成立了农村产权交易所。灾后联合重建和农村产权交易所交易实例给了农户、村集体、银行、社会资本等利益相关方极大的启发，建设用地分利流转所带来的好处激励他们加入其中。原本由政府一家主导的建设用地流转由于拿地成本上升、融资平台受限而导致政府的经营激励下降。在这种条件下，成都市统筹城乡改革通过建设用地的分利流转而走上了"还权赋能"的道路。在这个过程中，我们从中可以清晰地看到，农民的财产权利如何"从无到有""从有到硬""从硬到活"。

一、成都作为统筹城乡和"增减挂钩"的试点

1.城乡统筹及其背景

改革开放以来，随着家庭联产承包责任制的实施、人民公社的解体以及乡村工业化的勃兴，中国的城乡发展差距得到一定程度的缓和。但20世纪90年代以来，由于各类要素资源加快向城市集聚，政府财政依然保持对农村的"汲取"，城乡差距逐步拉开。21世纪以来，出于加入WTO后对农业部门竞争力的担忧，国家开始将解决"三农"问题列为核心政策。

2002年以来，中央政府多次提出旨在扭转城乡收入差距日渐扩大的政策，比如"统筹城乡经济社会发展""以工促农、以城带乡""工业反哺农业、城市反哺农村"等。在推行农村税费改革的同时，加大财政惠农支农力度。从2003年到2007年，我国农民人均纯收入从2476元增加到4140元，年平均增速超过12%，是改革开放以来农民增收最快的时期。与此同时，城乡发展差距扩大的趋势没有得到根本扭转。2007年我国城镇居民人均收入13786元，

等于当年农民年纯收入的3.33倍，高于2002年的3.11倍。

在这样的背景下，中央政府决定在全国范围内开展统筹城乡改革的试点，以探索城乡一体化实践路径。成都市是我国中西部特大城市，早在20世纪末全域人口就超过1000万人，且辖区内绝大部分土地还属于农村，一半以上居民是农民，是典型的"大城市带大农村"，其探索统筹城乡的改革路径对全国其他地区具有较大的参考意义。此外，成都市自2003年便提出城乡一体化的施政纲领，其城乡收入差距在此后不仅没有扩大，反而略有缩小（北京大学国家发展研究院综合课题组，2010：4），已经积累一些实践经验。

2007年6月，国家发改委批准重庆市与成都市设立全国统筹城乡综合配套改革试验区①，要求两市"在重点

①　国家综合配套改革试验区被喻为"新特区"，是21世纪以来中央授予地方政府探索破解重大发展战略问题的重要手段。2005年6月和2006年5月，国务院先后批复了上海浦东新区和天津滨海新区为综合配套改革试验区，这一举措对两个城市及所在地区起到了极大的带动作用。统筹城乡改革需要国家层面给予的支持较多，因此，列入"综合配套改革试验区"的范畴。

截至2013年底，国务院共批复了11个国家综合配套改革试验区，分别是上海浦东新区（2005年6月）、天津滨海新区（2006年5月）、重庆市（2007年6月）、成都市（2007年6月）、武汉城市圈（2007年12）、长株潭城市群（2007年12月）、深圳市（2009年5月）、沈阳经济区（2010年4月）、山西省（2010年12月）、厦门市（2011年12月）、黑龙江省（2013年4月），此外，还有4个"综合改革试验区"，即义乌市（2011年3月）、温州市（2012年3月）、珠三角（2012年7月）以及泉州市（2012年12月）。

领域和关键环节率先突破，大胆创新，尽快形成统筹城乡
发展的体制机制，促进两市城乡经济社会协调发展，也为
推动全国深化改革，实现科学发展与和谐发展，发挥示范
和带动作用"①。在当时，统筹城乡改革的主导思路是用财
政手段向农村经济与农业部门倾斜，以提高农民收入。中
央政府的主要政策工具是财政转移支付，这在实践中证明
效果有限。作为地方政府，统筹城乡的推进必定要动用财
政资源，更确切地说，是以土地出让收入为主的预算外财
政收入。

2."增减挂钩"提供新动力

由于土地出让实行的是指标管制，地方新增建设用
地数量需要主管的行政部门批准，这部分指标往往不足支
撑地方雄心勃勃的经济发展计划。2004年国务院提出"城
乡建设用地增减挂钩"政策，对二者进行了平衡②。由此
一来，在新增建设用地指标相对匮乏的情况下，"增减挂
钩周转指标"成为地方政府热切追求的政策工具。指标就
意味着拥有建设用地权利，可以顺利走上"以地谋发展"

---

① 《国家发展改革委关于批准重庆市和成都市设立全国统筹城乡综合配套
改革试验区的通知》。

② 2004年10月21日，国务院发布《关于深化改革严格土地管理的决定》，
其中第十条提出，"鼓励农村建设用地整理，城镇建设用地增加要与农
村建设用地减少相挂钩"，简称"城乡建设用地增减挂钩"，是中央政
府统筹考虑保障经济社会发展与保护土地资源而出台的重要政策。

的道路。值得注意的是，增减挂钩政策并不是全面铺开，而是选择几个省市作为试点区①。成都市所在的四川省是首批试点省（市）之一，作为四川省会城市，增减挂钩的政策红利首先落在了成都。

政府如何通过增减挂钩政策筹资？我们可以通过成都市第一个挂钩项目加以理解。第一个挂钩项目的拆旧区位于林村，林村通过拆除农村旧房屋、复垦建设用地，节约出263亩建设用地指标。这些指标覆盖到县城附近，后者经过征地之后在市场拍卖的价格是420万元/亩，总价款超过11亿元。在上交各种税费和扣除拆旧建新成本之后，鹃县政府净得4亿元，而2006年鹃县的地方财政收入才9.43亿元。

成都统筹城乡工作部门提供的材料显示，截至2011年底，成都市已实施建设用地增减挂钩项目339个，复垦建设用地11万多亩，投入资金340多亿元，新建中心村和聚居点1500余个②。如果我们以林村1.35亿元成本带

---

① 2005年10月11日，国土资源部下发《关于规范城镇建设用地增加与农村建设用地减少相挂钩试点工作的意见》，决定在全国部分省市部署开展"城乡建设用地增减挂钩"试点。2006年，国土部下发了《关于天津等五省（市）城镇建设用地增加与农村建设用地减少相挂钩第一批试点的批复》，确定天津、江苏、山东、湖北、四川等五省（市）为首批试点。2008年、2009年国土资源部又分别批准19省加入增减挂钩试点。

② 数据来源：成都市统筹城乡综合配套改革试验区建设领导小组办公室，2012，成都统筹城乡改革发展交流材料《农村土地综合整治工作》。

动项目实施主体（县政府）4 亿元收益估算，成都市截至
2011 年底所实施的增减挂钩给实施主体政府（包括市县
两级）带来的收益就达到 1000 亿元。

3. 两类试点的互动

综上分析可以看出，成都市在 2007 年前后同时成
为"城乡建设用地增减挂钩"和"全国统筹城乡综合配
套改革试验区"两大试点所在地。成都市及下辖区县政
府一方面通过精心的土地经营获取巨额收入，由此构成
了政府可支配收入的半数以上（周飞舟，2012；谭明智，
2013）；另一方面，部分土地收入用以统筹城乡支出，特
别是城乡社会保障、居民就业、耕地保护、基础设施等
方面。

从 2003 年开始，成都市逐步完善财政转移支付和支
农稳定增长机制，规定市县两级政府每年新增公共事业和
公共设施建设，直至城乡基本公共服务达到均等化。从
2003 年财政资金投入"三农"10 亿元到 2012 年投入 318
亿元，年均增长超过 46%。2012 年成都市地方财政一般
预算收入 781 亿元，涉农财政投入占一般预算收入的比重
超过了 40%。

涉农投入增加部分大多来自成都土地出让收入，这
样一来，既满足了中央下达的试点改革任务的要求，更是
地方政府树立自身发展特色和品牌的重要途径。成都市在

统筹城乡方面所做的工作被各路媒体不断报道，尤其是其在缩小城乡居民收入差距方面的成绩，更是被奉为破解城乡二元结构的创新探索①。

在当时的土地管理制度下，政府是建设用地的唯一合法供应者，在巨大收益引导下，政府主导的土地经营模式很快被地方政府所掌握。相对于征地出让模式，增减挂钩对农户的补偿水平有所提高，但农民从土地中所获取的收益依然比较低。我国农村土地集体所有制在实践中由于集体的边界、成员权资格不确定而导致集体土地在流转过程中麻烦不断，农户的权利得不到有效的保障。增减挂钩政策在全国试点过程中屡屡出现片面追求增加城镇建设用地指标、擅自开展增减挂钩试点和扩大试点范围、强迫农

① 成都利用公共财政实施统筹城乡的做法中，有三个做法引起社会各界关注。一是实施"耕地保护基金"，成为全国第一个对农民保护耕地给予经济补贴的城市，每年市县两级为承担耕地保护责任的农民发放耕地保护金约30亿元，这些资金优先用于购买农民的养老保险，为构建农村居民养老保障体系奠定了资金基础。二是建立"村级公共服务和社会管理"专项资金，纳入市县两级财政预算，并确立随财政收入增长而增长的机制。最初每个村庄投入20万—30万元不等，2013年专项资金最低标准提高到每个村至少40万元，市县两级每年投入10亿元左右，2013年达到12.49亿元。三是改革城乡社会保障制度，建立"有档次之差，无身份之别"的城乡保障一体化制度。在不同保障档次和项目之间实现全面衔接，鼓励城乡居民依据各自的经济能力自由选择保障档次和项目。截至2013年10月，有8万名农村居民购买了城镇职工养老保险，这就为部分有条件的农民开启了进入较高社保档次的大门。

民住高楼等问题①。由此看来，增减挂钩政策解决了政府的用地需要，但同时也由于土地权利基础不够牢靠，从而引发更多的新问题。

二、试点改革的深化：走向"还权赋能"

如何在推进统筹城乡改革中保障农民利益，也保证政府有足够的财力？这是成都市领导在成都获批全国统筹城乡综合改革配套试验区之后思考的重点。在国家发改委短短200字的批复中，有一句话引起注意，即"在重点领域和关键环节率先突破，大胆创新"。在时任成都市长助理、房管局局长周鸿德看来，"成都改革的关键在农村，农村的关键在土地，土地的关键在产权"。只有通过农村产权制度改革，理顺政府、村集体和农户在农村土地上的权利边界，才能更好地推动统筹城乡改革。因此，农村产权制度是重点领域，确权颁证流转是关键环节②。

---

① 国务院和国土资源部就此下发过多个文件加以处理，参见《国务院关于严格规范城乡建设用地增减挂钩试点切实做好农村土地整治工作的通知》《城乡建设用地增减挂钩试点和农村土地整治有关问题的处理意见》《国土资源部关于严格规范城乡建设用地增减挂钩试点工作的通知》。

② 周鸿德曾经长期在成都下辖的区县负责农村工作，担任过双流和柳城领导；2001年任成都市房管局局长，兼成都市危旧房改造指挥部副指挥长。这一经历使得他对城乡居民财产权利差异非常敏感。2007年6月成都获批"全国统筹城乡综合配套改革试验区"之后，当时的市领导让成都的干部学习批复精神，思考何为"重点领域、关键环节"。基

1."一号文件"开启农村产权制度改革

2008 年 1 月 1 日，成都市委、成都市人民政府发布了当地的"一号文件"——《关于加强耕地保护进一步改革完善农村土地和房屋产权制度的意见（试行）》。这是成都统筹城乡改革的指导性文件。"一号文件"提出要"深化农村土地和房屋产权制度改革"，具体就是开展农村集体土地和房屋确权登记、创新耕地保护机制、推动土地承包经营权流转和集体建设用地使用权流转、开展农村房屋产权流转试点。房地确权颁证为后续的合法流转提供凭证，耕保基金 ① 的创设则引导农户自行保护耕地，承包地、集体建设用地和房屋流转是最终实现农村资

于长期的一线工作经验，周鸿德提出了"农村产权制度是重点领域，确权颁证流转是关键环节"。这个意见很快被市领导吸纳，市领导要求周鸿德牵头组织研究产权制度改革方案，并任命周鸿德为市长助理，为日后领导灌州农村产权制度改革试点做准备。2008 年春节前后，成都市委召开了一次马拉松式的常委扩大会，专题研讨农村产权制度改革，会议一共开了四次，历时半个月，几乎所有参加的人都发了言，最后形成一致的看法，即农村产权制度改革的核心观念是：农民自主，还权赋能（关于这次会议的背景与细节，具体参阅《试图改变中国农民命运的成都实验》，《中国新闻周刊》2009 年第 8 期）。在这次会上，周鸿德的讲话引起参会者的重视，对于成都地方领导坚定决心推进农村产权制度改革有很大影响。2009 年 6 月，周鸿德出版了《产权的秘密》一书，对成都统筹城乡改革提出许多独到的看法。

① 成都市政府每年从土地有偿使用费留地方部分和市、区（市）县两级人民政府的国有土地出让收益以及集体建设用地出让收益中提取一定比例资金，设立耕地保护基金，用于提高耕地生产能力和对承担耕地保护责任的农民养老保险补贴。

产资本化的出路。

在对农村土地、房屋进行确权颁证时，成都市进行了基层治理改革，设立村民议事会作为推进改革的组织机制。这套做法最早是由产权制度改革试点摸索出来的[①]，2008 年 11 月，成都市委出台文件[②]，决定在全市范围内推广[③]。在村民议事会的运作下，村庄各类资源和资产权属得到较好的界定。更重要的是，在集体建设用地自主流转过程中，村民议事会所起的作用也很大。以基层民主的方式实施产权流转也为农民利益提供了一层保障。截至 2010 年 9 月，成都全市所有的村和涉农社区都组建了村民议事会和村民小组议事会，共推选村民议事会成员 8.98 万余人，村民小组议事会成员 17.1 万余人[④]。

至此，成都统筹城乡的实践思路逐渐清晰：为了统筹城乡改革顺利进行，需要大量资金向"三农"领域倾斜；

[①] 面临确权颁证中的各种矛盾和问题，灌州市柳街镇鹤鸣村、邛崃市羊安镇仁和社区等地创立了议事会的机制加以解决。成都市委组织部对此进行了调查总结。

[②] 即 2008 年 11 月 25 日成都市委、市政府发布的《关于进一步加强农村基层基础工作的意见》，该文件规定，积极推行以村民会为村最高决策机构、村民（村民小组）议事会为常设议事决策机构、村民委员会为执行机构的村民自治机制。

[③] 2010 年 3 月，成都市委组织部、市民政局联合出台了四个配套文件，规范村民议事会的运行。文件包括《成都市村民议事会组织规则（试行）》《成都市村民议事会议事导则（试行）》《成都市村民委员会工作导则（试行）》《加强和完善党组织对村民议事会领导的试行办法》。

[④] 数据引自成都市统筹委：《成都统筹城乡改革发展交流材料》。

当时的资金来源主要依靠土地作为杠杆，包括增减挂钩和承包地整理在内的农村土地综合整治是可行的实践路径；农村土地流转受制于产权安排的天然模糊性，由此导向农村土地和房屋的确权颁证；依靠政府推动确权效率低下，以村民议事会为主的基层治理改革则为全面确权颁证铺平道路；农户出于耕地保护、土地流转收益的激励，积极参与农村产权制度改革。这一过程环环相扣，为统筹城乡改革找到了坚实可靠的基础。

2. 更大范围的政府主导：城投公司的经营方式

从 2008 年开始，成都市便提出"确权是基础，流转是目的，配套是保障"的施政思路。在加大涉农财政支出、完成农村确权颁证的基础上，成都市政府试图推动农村生产要素进入流转交易，以此激活各类产权。从这个意义上讲，单纯依靠土地出让的直接收入是难以平衡的①。与我国大部分城市一样，成都市通过政府设立的投融资平台公司（又称为"城投公司"）完成巨额融资，填补其中的资金缺口。因此，政府融资的规模、便利程度成为影响"土地整理—指标流转—土地出让收入"这一过程是否顺利进行的关键因素。

---

① 2009—2012 年，成都市政府完成的固定资产投入与地方财政一般预算收入之比分别为 4.78、3.2、2.66、2.9，这表明，政府投资资金缺口巨大。

　　成都市政府投融资平台于本世纪初开始设立、运作。2001 年 4 月 11 日，成都市人民政府发布《成都市人民政府关于加快成都市投资体制改革的决定》，自此之后，成都先后组建了十多家政府性投资公司[①]，以国有资产存量、政府财政性资金投入、土地储备收益、赋予专业经营权等方式注入资本，涉及旧城改造、新城建设、环保、地铁、旅游、教育、文化、卫生等领域，并以此为融资平台，获得金融机构贷款和社会资金投入。这些政府性投融资平台建立在政府控制（垄断）土地、财政性资金、特许经营权和信息等资源的基础之上，通过一定的金融操作方式[②]，将这些资源资本化，赋予其资本属性，并且通过流动、重组、出租、转让等多种方式进行优化配置和有效运作，实

[①]　一开始的政府投融资公司主要在市一级，并且按不同的投资领域区分为三大类公司，一是城市基础设施建设类，以成都城建投资管理集团有限责任公司、成都交通投资集团股份有限公司、成都市兴南投资有限公司、成都市兴东投资有限公司等为代表；二是公用事业建设类，以成都市兴蓉投资股份有限公司、成都市兴文投资发展有限公司、成都市兴教投资发展有限公司、成都兴城投资集团有限公司等为代表；三是产业投资类，以成都工业投资集团有限公司、成都高新投资集团股份有限公司、成都高新西区科技风险投资公司等为代表。从 2004 年起，成都市逐步将搭建政府投融资平台的经验和做法向区（市）县延伸，先后在五城区由市、区两级财政共同出资组建"五小"公司，在 14 个远郊区（市）县结合优先发展重点镇、工业集中发展区建设成立了相应的政府投资公司。

[②]　特别是成都市地方金融机构（银行、证券公司、信托公司等）的改革、重组。

现政府控制资源的迅速增值①。

3. 涉农融资平台的建立

成都不仅设立了城市建设、公用事业建设以及产业发展方面的投融资平台公司，而且专门针对统筹城乡改革设立了两个城投公司，即成都市现代农业发展投资公司与成都市小城镇投资有限公司。这两个公司的做法概括起来就是，改革财政资金投入方式，从财政单独投入涉农领域改为以财政资金为杠杆，撬动市场上的社会资本进入涉农领域，以弥补涉农金融的缺陷。

成都市现代农业发展投资公司（简称"农发投"）成立于 2007 年②，当年由成都市财政整合打捆各类支农资金和土地出让收益向公司注入资金 6 亿元，之后每年注入资金增幅不低于 10%，并以此为平台向社会进行融资。农发投下辖 2 个全资子公司③、1 个控股子公司④（成都市农村产权流转融资担保股份有限公司）以及 7 个参股公

---

① 参见《探索统筹城乡发展的投融资之路》，《国际融资》2007 年第 9 期，该文是对时任成都市市长葛红林进行的专访。

② 根据成都市农发投的网站（http://www.cdnft.com/htm/dwjj.asp?ClassID=020101）介绍，该公司于 2007 年 3 月筹建，6 月 12 日完成工商登记注册，是成都市国有资产监督管理委员会（以下简称"出资人"）受成都市人民政府委托，按照《公司法》和其他有关法律的规定，投资组建的国有独资有限责任公司，是市属国有政策性投资公司。

③ 即成都市现代农业融资担保有限公司与成都中际投资有限公司。

④ 即成都市农村产权流转融资担保股份有限公司。

司[1]。按照市政府的规定，农发投的经营范围主要有四个方面，一是直接投资，包括投资农地综合整治、农业产业化基础设施、对农业企业、农民合作组织和农业产业化项目进行股权投资；二是委托贷款，将财政支农资金以贷款的方式自行或通过区县农业发展公司投入农业产业化项目；三是为农业产业化项目和农村产权流转贷款提供担保，为农业生产提供政策性保险；四是以贴息、奖励、补助等方式为农业发展提供支持。截至 2011 年底，农发投利用到位财政资金 37 亿元，共实施农业产业化项目 911 个，撬动社会资金投入 221.6 亿元，累计为企业流动资金提供担保 9.03 亿元（彭森等主编，2013）。

与农发投类似[2]，成都市小城镇投资有限公司（简称"小城投"）成立于 2007 年，当年从市级财政中安排小城镇建设资金 4 亿元，之后每年安排的资金增幅不低于10%，用于搭建小城镇建设投融资平台，吸引更多的社会资金参与小城镇开发建设。小城投具体的做法是，为农民修建集中居住的新型社区—农民腾退原宅基地入住新型社区—原有宅基地复垦—出售建设用地指标—填补前期投

---

[1] 即成都农商银行股份有限公司、锦泰财产保险股份有限公司、成都濛阳农副产品综合批发交易市场有限责任公司、成都市金控小额贷款股份有限公司、邛崃市惠民农村产权流转担保有限公司、大邑县农村产权流转担保有限公司、新津县农村产权流转担保有限公司。

[2] 2007 年 3 月 26 日，成都市人民政府办公厅下发《关于成立成都市小城镇投资有限公司的通知》。

入资金—实施农地综合整治。截至 2011 年底，小城投已经启动农村新型社区建设项目 62 个，总投资 95.85 亿元，总建筑面积约 375.85 万平方米，安置农民约 10 万人，实施土地综合整理 6 万余亩，节约集体建设用地指标约 2 万亩（彭森等主编，2013）。在农发投、小城投以及相关金融机构的协调下，成都市统筹城乡改革获得了有力的金融支持，城投公司同时在土地整理开发、城市基础设施建设、公用事业建设以及产业发展过程中扮演着重要角色，弥补了地方财力不足的问题。

三、社会资本参与灾后重建

2008 年 5 月 12 日下午，汶川地震造成了极大的破坏，同时也意外地影响了成都统筹城乡改革的走向①。成都全市在汶川地震中倒塌的房屋将近 30 万套，面积约为 4269.7 万平方米，其中大部分是在农村②。面临着灾后重

---

① 成都市委、市政府原定于 5 月 13 日下午 3 点半在成都农村产权制度改革第一村——灌州市柳街镇鹤鸣村召开全市农村产权制度改革现场大会，市委、市政府领导，市直部门、各县市区负责人及相关部门、试点乡镇领导都要出席这次活动。在会议开始之前一个小时，汶川地震发生了。灌州市离震中汶川县映秀镇直线距离不足 10 公里，因此受灾严重。

② 资料来源：成都市国土资源局（2013），成都市土地管理制度改革创新工作情况，载于《中国改革试验·成都卷》（彭森等主编），国家行政学院出版社 2013 年版。

建的重大任务，成都及下辖市、县政府一时难以拿出足够资金，中央和四川省政府下拨的资金只能解决一部分群众的重建需求[①]。此时，成都市政府决定以灾后农村土地整理的方式解决农村重建问题。5月21日，成都市政府专门针对受灾辖区内受灾最严重的灌州市[②]发布政策文件——《成都市人民政府关于做好灌州市农村村民住房灾毁救助工作的意见》。按照这份文件的规定——政府出资为农户修建安置房，农户以宅基地指标作为对价转让给政府——政府根本就无力承担。按照每户三口人、人均35平方米、建设成本每平方米1500元计算，灌州市3万多受灾农户的重建就需要投入50亿元以上，超过震前灌州市全年地方财政收入两倍，这还不包括安置房建设占地补偿、灾毁宅基地复垦等投入[③]。

1. 来自国家层面的支持

如何在短时间内筹集巨额资金投入灾后重建，这是

---

① 6月12日，民政部、财政部、住房和城乡建设部联合下发《关于做好汶川地震房屋倒损农户住房重建工作的指导意见》，提出中央财政对汶川地震房屋倒塌或严重损坏、无家可归的农户重建住房，按每户平均1万元的标准补助。然而，按照每户三口人、人均35平方米、建设成本每平方米1500元计算，每户农民光是重建房屋就要花费将近16万元。

② 成都市辖区内超过80%的房屋损毁发生在灌州市。

③ 数据来源：北京大学国家发展研究院综合课题组（易声宇执笔），《走向城乡联合重建——灌州联建政策实践经验研究报告》（2011）。

当时成都及下辖市县政府面前的难题。时任国家主席胡锦涛在成都视察抗震救灾工作期间，对成都作出了"用统筹城乡的思路和办法推进灾后重建"的重要指示。这为"钱从哪里来"指明方向并提供合法性保障，但当时统筹城乡中能够撬动资金的模式是政府主导的土地整理与增减挂钩，这一做法存在两个问题，一是前期需要投入的资金太大，政府一时难以拿出；二是增减挂钩项目周期一般需要三年左右，而灾后重建需要短期内解决。还有一条路可走，那就是动员社会资本参与灾后重建，这个办法能够解决灾后重建短期内投入大量资金的问题。可是社会资本进入农村建房一直受到限制，国务院出台许多政策明令禁止[①]。此外，社会资本进入的对价往往是希望获得开发建设的权利，而当时的《土地管理法》对此也有严格的限制[②]。

---

① 1999 年 5 月，国务院办公厅发布《关于加强土地转让管理严禁炒卖土地的通知》，明确规定，"农民的住宅不得向城市居民出售，也不得批准城市居民占用农民集体土地建住宅，有关部门不得为违法建造和购买的住宅发放土地使用证和房产证"。2004 年 10 月，国务院下发《关于深化改革严格土地管理的决定》，再次提出，"加强农村宅基地管理，禁止城镇居民在农村购置宅基地"。2007 年 12 月，国务院办公厅发布《关于严格执行有关农村集体建设用地法律和政策的通知》，更是明确提出，农村住宅用地只能分配给本村村民，城镇居民不得到农村购买宅基地、农民住宅或"小产权房"。单位和个人不得非法租用、占用农民集体所有土地搞房地产开发。

② 1998 年修订的《中华人民共和国土地管理法》第六十三条规定，农民集体所有的土地的使用权不得出让、转让或者出租用于非农业建设；但是，符合土地利用总体规划并依法取得建设用地的企业，因破产、

最终打开资源动员与合法渠道的是国家层面的许可。6月8日，国务院发布《汶川地震灾后恢复重建条例》（国务院令第526号），其中第五十六条规定，国家鼓励公民、法人和其他组织依法投资地震灾区基础设施和公共服务设施的恢复重建。之后，中央各部委相继出台政策支持社会资本参与灾后恢复重建。

6月11日，国土资源部下发《关于实行保障灾后恢复重建特殊支持政策的通知》，其中第七条规定，扩大挂钩试点支持灾后重建。6月12日，民政部、财政部、住房和城乡建设部联合下发《关于做好汶川地震房屋倒损农户住房重建工作的指导意见》，第四条提出，多渠道筹集重建资金。受灾农户是住房重建的主体，要尊重群众意愿……动员全社会力量帮助农户重建住房。此外，5月19日，中国人民银行和中国银行业监督管理委员会联合下发了《关于全力做好地震灾区金融服务工作的紧急通知》，要求"从信贷总量、信贷资金和授信审查等多方面优先支持灾区重建"，同一天，财政部、国家税务总局下发《关于认真落实抗震救灾及灾后重建税收政策问题的通知》，从企业所得税、个人所得税、房产税、契税、资源税、城镇土地使用税等方面明确适用于抗震救灾及灾后重建的有关税收优惠政策。

兼并等情形致使土地使用权依法发生转移的除外。

2. 灾后联合联建

有了国务院和各部委的政策支持，成都市政府立即启动相关配套政策的制定和实施。6月15日，成都市人民政府办公厅发布《关于促进房地产业恢复发展扶持居民安居置业的意见》，第一条就是"鼓励社会力量参与灾后重建"。各类企业、社会团体和个人可以通过投资、联建、土地整理、项目转让等方式，开发建设普通商品住房、旅游服务设施和商业服务设施。鼓励各类企业、社会团体和个人积极参与基础设施、公共服务设施和集中安置住房建设。已建成和在建的普通商品房，政府可以根据需要按照公开、公平、公正的原则进行采购，用于集中安置和危房改造安置。

6月26日，成都市政府发布《成都市人民政府关于坚持统筹城乡发展加快灾后农村住房重建的意见》。该文件规定，在中央和省、市政府住房重建补助资金按规定落实的基础上，开展农村集体建设用地的综合整理，依据农村集体建设用地减少与城镇建设用地增加挂钩的政策，按规划加快农村受灾群众灾毁住房重建。通过农村产权制度改革和集体建设用地流转政策，充分调动群众的积极性，支持群众或集体经济组织自筹资金实施重建。积极引导社会资金直接投资重建项目，吸引社会资金与农户、农村集体经济组织合作，联合重建。

值得注意的是，成都市出台的灾后重建政策所提到的增减挂钩的实施方式与主流的增减挂钩不同，后者默认政府作为实施主体[①]，而灾后重建则可以选择多种实施主体，按照市场化方式运作。除了原址安置外，成都市政府提供了四种选择项，即按照规划集中自建（简称"统规自建"）、统一规划统一建设（简称"统规统建"）、自愿搬迁异地安置（简称"货币安置"）、社会资金开发重建（简称"联建"）。这几种可选的重建模式都明确规定，实施主体可以是当地政府、农村集体经济组织，也可以是社会资金方[②]。

[①] 2005 年 10 月 11 日，国土资源部出台《关于规范城镇建设用地增加与农村建设用地减少相挂钩试点工作的意见》，其中第十八条规定，国土资源部负责对全国挂钩试点工作的组织和指导；试点省（区、市）的省级国土资源管理部门负责辖区内试点工作的管理与监督；试点市、县国土资源管理部门负责本行政区域内试点工作的具体组织实施。

[②] "统规自建"要按照已审定的农村重建规划和相关乡村规划，在尊重群众意愿的基础上，当地政府、农村集体经济组织按因地制宜、适度集中的原则，考虑生产半径和基础设施配套情况，可以组织受灾农户将原分散居住的灾毁房屋宅基地按"拆院并院"的方式，集中规划重建。按照集中规划的布点，可由灾毁住房农户自建或与他人合作建设。集中自建的每户宅基地面积按人均不大于 30 平方米划定。基础设施和公共设施用地按相关规定配置，由当地政府或"拆院并院"实施主体负责组织实施。节约的集体建设用地指标由国土部门依据城乡建设用地增减挂钩的政策，按"拆院并院"补助的标准对集中居住的农户给予补偿。

"统规统建"即对规划确定的农村新型社区和集中居住点实行统一规划、集中建设。对灾毁住房农户自愿选择入住统一建设的安置住房，按照每户人均建筑面积 35 平方米的标准分配，每户应按政府给予的住房重建补助资金等额交纳建房费。不足部分的建房费、配套设施建设费用，由统一建设实施主体通过节约的集体建设用地指标，按城乡建设用地增减挂钩的政策，以市场化运作的方式筹集。实施主体可以是当地政府或农灾后重建政策最具吸引力的有三条，一是放松集体建设用地的用途管制，"节约的集体建设用地可按照规划用于发展旅游业、服务业、商业和工业"。二是为这些使用权转让提供合法保障，即"需征收为国有土地的，经批准并实施征收后，同一宗地仅有一个意向用地者的，可以协议出让并挂牌公示，为投资者办理国有建设用地使用权证"。三是赋予灾后重建的农村产权更多权能，明确规定："在推进农村产权制度改革进程中，要优先安排和加快推进农村灾损房屋的宅基地和受灾地区承包地的确权工作，依法为农村集体经济组织、合法取得集体建设用地的业主和宅基地使用者（包括外来资本方）登记颁发土地使用权证书。""受灾农村地区范围内合法取得并经确权、登记的集体建设用地，可以转让、出租、抵押、作价入股和合作

村集体经济组织，也可以引进社会资金按"拆院并院"的项目实施。

"货币安置"指的是，对有创业能力、自愿举家搬迁的灾毁住房农户，允许其自愿放弃宅基地异地安居置业，农户不再申请宅基地。农户自愿放弃宅基地的集体建设用地指标，按市场化配置的原则，由当地政府或"拆院并院"项目实施主体给予一次性货币补偿。在成都市范围内置业安居的，可享受廉租房、经济适用房、限价房等住房保障政策，并享受入户和社保、医疗、就业、子女入学等待遇。

"社会资金开发重建"则是结合了更大规模的联合重建，同时带有开发和产业发展的项目。按照重建规划，经三分之二以上的村民同意，由集体经济组织对建设用地进行综合整理，集中使用。也可引入社会资金进行综合整理和产业开发。开发性重建的实施主体须按每户人均住房不低于建筑面积35平方米的标准安置农户，并按规划配套建设基础设施和公共服务设施。

等方式流转使用。"

在这些政策的激励下，成都市域范围内的灾后重建一共动员了上百亿元社会资金进入联建，不仅在短时间内有效地解决了重建资金问题，而且为确权之后的农村集体土地（尤其是建设用地）流转蹚出了可行的道路。在这个过程中，农村产权得到了激活，金融资本的介入更是扩大了产权实施的规模与范围。

四、进一步扩大集体建设用地流转的实践

在地震过后吸引社会资本进入联合重建的过程，政府探索出了扩大集体建设用地流转的诸多做法。这些做法概括出来有四类，一是为解决"宅基地不能跨村交易"而创设的"三方协议"；二是在灾后重建规定的时间内突破集体建设用地"不得跨县交易"的限制，在全市范围内配置建设用地指标；三是依据挂钩半径大小分不同层级政府主管部门审批，极大地提高项目运作效率；四是地方金融机构尝试集体土地抵押贷款。

1. "三方协议"

无论是中央层面还是地方层面，社会资金参与灾后重建的合法性保障不存在问题，但"农村宅基地不能流转给集体之外的成员"在实践中仍然构成制约。灌州市探索

出了"三方协议",解决了这个障碍。所谓"三方协议"指的是,在农户与外来投资方谈妥联合重建事宜之后,将自用之外的宅基地以集体建设用地的形式无偿退给村组(集体经济组织),再由村组将这部分土地转让给投资方;作为对价,投资方需要为农户修建相应房屋。

"三方协议"在当时的土地制度框架下化解了集体建设用地流转的关键障碍,在村组(集体经济组织)、农户和外来投资方之间建立起全新的合约结构。对于农户来讲,"三方协议"引入了村组作为建设用地流转合约的监督方而保障自身利益;对于村组来讲,"三方协议"将集体土地所有权人的角色落到实处,为集体建设用地流转提供了背书;对外来资本方来讲,"三方协议"降低了其政策合规性风险,如果资本方对应的是规模较大的联合重建,则可以降低交易费用。

在"三方协议"的框架下,成都的灾后联建探索出了极为丰富的合约形式①,给未来进一步制度变革提供了多种可能性。联建一开始的形式是"一对一",即一个外来投资方与一户农民进行联建;后来发展出"一对多"的形式,即一个投资方与多个农户进行联建。外来投资方一开始是一个自然人,后来发展成若干个自然人合伙作为投

---

① 详细内容参阅北京大学国家发展研究院综合课题组:《还权赋能——成都土地制度改革二期研究报告集》(2010 年 3 月)。

资方，再后来一些有实力的公司也加入进来。对于小规模
的联建，政府一开始只负责提供规划、把关质量和确权颁
证，后来在一些灾毁较为严重的地方还出现了政府统一规
划，再对外招商引资联建的情况。庆西县则将联建方式推
向极致①。在 5 个受灾较为严重的乡镇，由庆西县政府统
一规划了 41 个受灾群众安置点，同时在旅游景观和交通
条件较好的地方规划了 17 个旅游小村，用于发展乡村旅
游，修建温泉酒店和别墅。庆西县政府借助成都市灾后重
建规划展等活动推介灾后联建项目。为了吸引更多社会
资金参与联建，庆西县甚至规定，普通市民最低可以以
1000 元 / 平方米的价格认购别墅或入股温泉酒店。

2. 扩大挂钩范围：跨县挂钩

灾后重建有 5 种方式可供选择，即原址重建、统规
统建、统规自建、货币安置、社会资金开发重建。社会资
金愿意进入开发重建的一般是位置较好（特别是旅游资源
较为丰富）的地区，其他重建方式都是借助增减挂钩这一
政策杠杆筹集资金的。增减挂钩之所以能够筹集到资金是
因为不同位置的土地利用会产生出不同的价值，成都市近
郊区和远郊区的土地价格差距就体现了这个道理。进一步

---

① 具体参阅 2008 年 11 月 17 日《成都晚报》的报道《文井江镇将建 5 星
级温泉酒店》。

讲，根据级差土地收益的原理，挂钩半径越大，土地价值差异就越大。体现在增减挂钩政策上，一个项目区的"拆旧区"和"建新区"的距离越大，土地价差就越大。与此同时，随着项目区半径的扩大，特别是跨越了行政区划范围之后，监督和审查的难度也随之上升。所以，国土资源部在制定增减挂钩试点管理办法的时候提出，挂钩只能限制在县（市）范围内①。四川省国土资源厅则在项目区申报条件中进一步规定，项目区应重点放在城乡接合部地区，原则上控制在一个乡镇内或相邻的两个乡镇内；项目区内建新和拆旧地块要相对接近，便于实施和管理②。

很明显，国土资源部和四川省国土资源厅关于增减挂钩项目区范围的规定时从"便于管理"的角度出发的，但这不利于发挥级差土地收益本身的杠杆作用。如果严格按照国土资源部以及四川省国土资源厅的规定，灾后重建涉及的市县的建设用地指标只能在本县（市）范围内挂钩，其所能产生的经济价值非常有限，对于解决灾后重建来讲，这些资金远远不够。

2008 年 8 月 7 日，成都市委、市政府出台的《关于

---

① 具体参阅 2008 年 6 月 27 日国土资源部制定出台的《城乡建设用地增减挂钩试点管理办法》。

② 具体参阅 2008 年 8 月 5 日四川省国土资源厅发布的《城乡建设用地增减挂钩试点管理办法》。

加快灾后城乡住房重建工作的实施意见》规定，各区（市）县政府负责结合农村住房重建安排落实土地整理和拆院并院项目，筹集建设用地增减挂钩项目的建设资金。节约的建设用地可由当地政府引进社会投资开发建设。为解决重建资金不足问题，支持农村住房重建工作，灌州市等5市县节约的建设用地可由市国土资源局按15万元/亩① 收购储备，资金专项用于增减挂钩项目区内的灾后农村住房重建。当然，增减挂钩节约出来的指标不全是由成都市国土局收购，柳城区、鹃县等近郊区县也参与到指标收购中。

　　灌州市天马镇是灾毁较为严重的乡镇之一，通过规划31个居民集中安置点，共节约出1755亩建设用地指标，被柳城区土地储备中心以每亩15万元的价格收购，天马镇由此获得重建资金2.6亿元②。同样地，灌州市向峨乡灾后重建腾出3000余亩非经营性建设用地，复垦后指标卖到双流县，换回将近6亿元重建资金。据统计，按照建设用地增减挂钩政策，通过在全市范围由统筹安排增减挂钩项目，为灌州市等地的农村住房重建筹集资金80多亿元，

---

① 　实际操作中为15万—20万元/亩。由于灾后重建时间紧迫，这个价格水平是由政府通过行政手段制定的，并不能完全反映建设用地指标的真实市场价格。

② 　具体参阅2010年9月25日《21世纪经济报道》的报道：《"精明"的重建者》。

占全市农村住房重建资金总量的一半以上①。

在保护耕地红线的约束下，一个地区每年从上级政府那里获得的"新增建设用地"数量非常少，绝大部分用地需求靠增减挂钩来解决。另外，地方政府推动经济发展过程中对土地的依赖程度非常高。因此，增减挂钩政策在实施过程中出现扭曲现象就不难理解了。国土资源部出于监管和审查的方便，缩小项目区的半径范围自有其道理，但并不符合级差土地收益的经济规律。而跨县市的挂钩做法也是因为灾后重建才开的口子，这表明，试点政策并是在任何条件下都能突破"重大领域和关键环节"中的制度障碍。当灾后重建任务完成之后，这一优惠政策也就随之取消。

3. 挂钩的"双轨审批制"

"增减挂钩"是行政手段配置土地资源的典型做法，需要经过诸多步骤②。如果严格按照这些步骤走，一个项

---

① 数据来自 2010 年 11 月 18 日《成都日报》的报道：《竹柯：土地流转　土地生金》。

② 主要包括以下程序：开展项目区专项调查、编制挂钩试点专项规划与项目区实施规划、制定试点工作总体方案并向国土资源部提出申请、国土资源部审查方案并批准试点、市县国土部门建立项目备选库并向国土资源部申请周转指标、国土资源部批准下达挂钩周转指标、市县国土部门对建新区进行测评与登记、对拆旧区进行复垦施工、完成农民安置区建设、市县国土部门对项目区初验、省级国土资源部门组织正式验收、完成地籍调查和土地变更调查、明确地块界址并依法办理土地变更登记手续。

目不算实施主体向金融机构贷款的时间，正常需要四五年时间。成都市国土部门借着灾后重建的政策优惠窗口而制定出了一份区分增减挂钩项目审批权限的政策文件，从而有效地化解了审批期限过长的问题。

2008 年 7 月 17 日，成都市国土资源局印发《成都市集体建设用地整理与集中使用管理暂行办法》，其中第三条规定，集体建设用地整理与集中使用依据审批权限不同分为：由国土资源部、四川省国土资源厅批准的城镇建设用地增加与农村建设用地减少相挂钩项目（简称"挂钩项目"）；由成都市人民政府批准的城镇建设用地增加与农村建设用地减少项目（简称"拆院并院项目"）。第九条则更加明确地规定，挂钩项目由区（市）县国土资源局向成都市国土资源局提出申请，经审核同意后，报四川省国土资源厅转报国土资源部批准；拆院并院项目由区（市）县国土资源局向成都市国土资源局提出申请，经审核同意后，报成都市人民政府批准。此外，挂钩项目最终需要四川省国土厅通过才行，而拆院并院项目则只需要成都市国土局验收就行 ①。

---

① 第十二条规定，挂钩项目或拆院并院项目拆旧区和农民集中居住区全部实施完毕后，由区（市）县国土资源局自验后向成都市国土资源局提出验收申请。挂钩项目由成都市国土资源局初验后转报四川省国土资源厅验收，拆院并院项目由成都市国土资源局按项目区实施规划进行综合检查验收并出具验收意见。

挂钩项目和拆院并院项目的区分，一方面，成都市在上级国土部门政策允许的范围内，利用挂钩项目的实施充分释放级差土地收益；另一方面，通过拆院并院项目的实施，以较快的速度为统筹城乡建设筹集资金、整备土地。在"社会资金参与灾后重建"的政策带动下，成都市国土局进一步明确了"增减挂钩"的实施主体。即挂钩项目或拆院并院项目可由市、区（市）县人民政府及其出资成立的国有公司直接投资，也可由项目区域内的农村集体经济组织及其引入的社会资金投资。这就为农村集体经济组织或社会资金作为项目实施主体提供了合法保证。

挂钩项目和拆院并院项目的差别不仅体现在审批权限上，而且体现在建新区的土地性质上。挂钩项目的建新区可以根据需要报征为国有或保留集体建设用地性质，而拆院并院项目的"建新区"保留集体建设用地性质。土地性质从集体转为国有就意味着地方政府要承担农民的社保等，这无疑增加了政府的负担。拆院并院项目的建新区保留了集体建设用地性质，这样一来，政府的负担就减轻了，减少这一环节也能为项目运作省不少时间。

挂钩项目要求不能跨县，在灾后重建的特殊情形下可以跨县有偿调剂指标。但拆院并院项目节约的集体建设用地只能在本乡镇范围内使用，不能跨乡镇调剂。挂钩项目节约的集体建设用地和拆院并院项目节约的集体建设用地实行分类管理（第十七条）。这一规定使得拆院并院项目被限制在乡镇范围内，大大降低了级差土地收益的作用。在我们调查的一些村庄，节约出来的指标最好的情形是挂钩到场镇（即镇政府所在地）上，但一般的场镇的土地价值并不高。因此，拆院并院项目和挂钩项目之间存在一种权衡，前者审批速度快、环节少，但挂钩半径小；后者审批速度慢、环节多，挂钩半径可以跨出镇域范围。

在2012年初的一次座谈中，我们从成都市国土局的有关负责人那里了解到，挂钩项目与拆院并院项目在实施中的比例大约是1∶2—1∶3。换言之，30%左右的项目属于挂钩，而70%左右的项目是拆院并院。挂钩项目有三分之二左右是国有平台公司在操作，三分之一由社会资本操作。相反，拆院并院项目都是社会资本作为实施主体。由此可以估算，成都的农村土地综合整理在项目比例上看，社会资本所占的比重将近80%，而国有平台公司的比重则为20%左右。另外，国有平台公司所实施的项目一般投入资金比较大，而社会资本所实施的项目资金规模比较小。因此，在"双轨审批制"的引导下，的确不少社会资本进入成都农村土地整理，但由于实施过程中仍然存在不少变数，社会资本还不敢轻易投入过多资金。即便如此，这个门缝一打开，并且有了做成的案例，就会动员越来越多的资本进入。

4. 抵押融资的新突破

由于当时的法律规定宅基地不得用于抵押担保①，再加上城里人不准购买农村宅基地的规定，农村宅基地（以及宽泛意义上的集体建设用地）的流动性和可处置性非常差。虽然国务院及国家金融监管部门多次出台政策鼓励金融资本服务农业，但由于农村土地在抵押担保上的障碍极大，有效担保物的缺失普遍存在。灾后重建在宅基地的抵押贷款上有了全新的突破，这不仅解决了短期重建家园的紧迫需要，也为银行积累了难得的实践经验，为进一步开展农村业务奠定基础。

2008 年 8 月 7 日，成都市委、市政府出台《关于加快灾后城乡住房重建工作的实施意见》，规定，灾后住房农户选择原址重建和统规自建住房的受灾农户，可按照农户申请、村组评议、担保公司审核的程序，以宅基地使用权和拟建房屋产权作抵押，向市和区（市）县农村产权流转担保公司申请提供贷款担保，经审核批准后由金融机构发放农村灾后住房重建专项贷款。贷款额度最高 6 万元，贷款期最长 8 年。前 3 年农户按国家规定的基准利率的 0.6 倍付息，市、区（市）县政府用灾后重建专项资金按基准利率的 0.4 倍贴息。鼓励农户尽快完成住房重建和提前还贷，2009 年底前还清贷款的，由市、区（市）县政府灾

---

① 《担保法》第三十七条、《物权法》第一百八十四条。

后重建专项资金全额贴息；2010 年底前还清贷款的，对农户承担的利息部分由市、区（市）县政府灾后重建专项资金再贴息 50%。

以宅基地使用权和拟建房屋产权作抵押为农户发放贷款的主要是成都本地的两家银行，即成都银行[①] 和成都农村商业银行 [②]（简称"成都农商行"）。根据成都农商行提供的材料，截至 2011 年 4 月末，一共发放灾后重建贷款 78.82 亿元，其中：发放农户住房重建贷款 23695 户，金额 10.77 亿元；发放受灾群众集中居住区建设贷款 5.55 亿元 [③]。

五、成都农村产权交易所的设立

在抗震救灾的同时，成都市下辖的几个区县正在推进农村产权制度改革。按照 2008 年成都市"一号文件"的表述，农村集体土地和房屋的确权颁证是产权制度改革

[①] 成都银行专门制定了《关于信贷支持抗震救灾工作的指导意见》。

[②] 为支持农户住房重建，成都农商行（当时是其前身"成都市农村信用社"）制定了《成都市农村信用社信贷支持灾后农村住房重建实施方案》和《成都市农村信用社灾后农村自建住房保证担保专项贷款操作规程》，对农户住房重建贷款的期限、利率、保证方式、履约责任、内部操作流程作了详细规定。

[③] 其余分别是：发放城镇住房重建贷款 1066 户，金额 6060 万元；发放抗灾生活贷款 153 万元；发放企业生产恢复贷款 9.05 亿元；发放农业生产恢复贷款 5223 万元；发放抗震救灾物资生产贷款 2.47 亿元；发放基础设施重建贷款 52.91 亿元。

的基础，推动包括集体建设用地在内的农村土地以及房屋的流转才是最终目的，即"切实推动农村资产资本化"。虽然成都获批了国家级综合配套改革试验区，中央也明确要求成都"为推动全国深化改革，实现科学发展与和谐发展，发挥示范和带动作用"，但涉及这个多少年来的"敏感领域"，成都改革的推进还是比较谨慎。成都"一号文件"在一段时间内被定为"机密"，根本不对外宣传报道。成都市政府要求将产权制度改革的试点村组分散在不同的区县，而且相互之间不准交流，对外界一律不宣传、不报道①。

1. 建立统一土地市场的顶层设想与基层回应

上述情况一直持续到 2008 年秋天。10 月 12 日，党的十七届三中全会通过了《中共中央关于推进农村改革发展若干重大问题的决定》，明确提出，实现农村发展战略目标，推进中国特色农业现代化，必须按照统筹城乡发展要求，抓紧在农村体制改革关键环节上取得突破。在"健全严格规范的农村土地管理制度"方面提出，搞好农村土地确权、登记、颁证工作；改革征地制度，严格界定公益性和经营性建设用地，逐步缩小征地范围，完善征地补偿机制；依法征收农村集体土地，按照同地同价原则及时足

---

① 参阅《试图改变中国农民命运的成都实验》，《中国新闻周刊》2009 年第 8 期。

额给农村集体组织和农民合理补偿；逐步建立城乡统一的建设用地市场，对依法取得的农村集体经营性建设用地，必须通过统一有形的土地市场、以公开规范的方式转让土地使用权，在符合规划的前提下与国有土地享有平等权益。

这些规定对成都市"一号文件"的实施无疑具有巨大的支持作用。党的十七届三中全会《决定》公布第二天（10月13日），成都市即宣布成都农村产权交易所（简称"农交所"）正式挂牌成立①，成为全国首家农村产权综合性市场交易平台。与重庆市农交所成立当天即进行交易不同，成都市农交所虽然抢得全国首家的名号，但在挂牌一段时间之后才开展业务。农交所的成立试图在成都全域范围之内打造城乡统一的产权交易市场，可供交易的标的不仅包括土地承包经营权、林权等已经较为成熟的品种，更重要的是引入了城乡建设用地增减挂钩政策带动下产生的一系列集体建设用地交易，即集体建设用地使用权交易、建设用地指标②交易、农村土地综合整治项目融资、耕地占补平衡指标交易等。

2. 开放土地综合整理的尝试

如果说成都在灾后重建中引入社会资本是外在的突

---

① 其实早在 2008 年 6 月，成立农村产权交易所的方案已经形成，各区县的服务中心都已运转了几个月，但市一级的交易所迟迟没有挂牌。

② 重庆将建设用地指标称为"地票"。

发事件倒逼的话，那么农交所的成立则是成都市政府在经历了级差土地收益释放过程之后所作出的主动选择。两者的不同还体现在，灾后重建有着国务院及各部委明确的允准和鼓励，而农交所的成立在中央政府的文件中只是偶尔提及，并无实质性的支持条款。中央政府对农交所这类试图在更大范围内配置农村土地产权的做法有所保留，这是源自于对我国农村复杂而模糊的集体产权的考量。进入农交所交易的标的物（特别是建设用地使用权）需要清晰而明确的产权界定，否则，一旦进入市场交易之后，可能产生巨额增值，也可能造成对农民土地物权的攫取和侵占①。

到了 2009 年底，成都农村土地房屋确权颁证工作基本完成，初步建立了城乡统一的土地产权登记制度，为开展包括建设用地使用权在内的农村土地产权交易奠定了坚实基础。与此同时，成都市人民政府办公厅于 2009 年 12 月 29 日下发了《关于印发〈成都农村产权交易所组建方案〉和〈成都市引导和鼓励农村产权入场交易暂行办法〉的通知》，确定了农村产权交易所的组建方案②、交易范围、组

---

① 周其仁：《试办"土地交易所"的构想：对成都重庆城乡综合配套改革试验区的一个建议》，《南方周末》2007 年 10 月 10 日。

② 成立成都农交所建设指导委员会负责农交所建设的指导协调工作，委员会由市委常委、常务副市长任主任，分管副市长任副主任，市统筹委、市国土资源局、市政府金融办、市房管局、市财政局、市农委、市林业园林局主要负责人为委员。成都农交所的主管部门为市国土资源局。

织机构等①。

2010 年 2 月 21 日，成都市委、成都市人民政府下发了《关于深化农村工作"四大基础工程"的意见》，将农村土地综合整治作为推进农村工作的"四大基础工程"之一②，要求深入研究开展土地制度创新工作，加快农村产权要素流转市场体系建设，建立完善的交易规则、交易流程。在此基础上，7 月 28 日，成都市人民政府办公厅印发了《市国土局等部门关于完善土地交易制度促进农村土地综合整治和农房建设工作实施意见（试行）的通知》。该文件概括起来有两大创新性政策，一是坚持农民主体地位和市场化配置资源，拥有土地权益的农民集体和农户自主决定是否参与、如何筹资、怎样建房、收益分配、权属调整等重大事项；农民主体可以在农交所挂牌寻找投资者，也可以在场外交易，各类投资这都可以在农交所竞购建设用地指标和耕地占补平衡指标。二是"持证准入"制度，即国有经营性建设用地（暂不含工业用地）使用权出

---

① 目前全国有十几家农村产权交易所，但成都农交所的交易品种、规模均名列前茅。为了减少行政手段对交易所的干预，成都市政府决定以公司的形式改造农交所。2010 年 7 月 7 日，由成都市国土资源局、市房管局、市林业园林局、市农委下属的单位分别按 50%、25%、12.5%、12.5% 的比例出资，注册资金 600 万元，共同发起设立成都农村产权交易所有限责任公司（对外仍然挂牌成都农村产权交易所）。

② 在此之前不久，2010 年中央一号文件《中共中央国务院关于加大统筹城乡发展力度进一步夯实农业农村发展基础的若干意见》提出，有序开展农村土地整治。

让的竞买者，必须持有不少于拟竞买宗地面积的建设用地指标，方可参与竞买①。

至此，社会资本参与农村土地综合整理的框架基本已经明朗，但具体细节和实施路径仍未明确。10月份，农交所联合相关部门制定了《成都市农村土地综合整治项目操作指南》，为社会资金进入成都市实施农村土地综合整治项目进行了详细的指导②。有了这份《操作指南》，成都基本已经搭建好了平台，接下来就是大力引入社会资本参与农村土地综合整治③。社会资本进入农村土地综合整治为成都提供了统筹城乡的资金源泉，成都市政府试图通过发挥农交所建设用地指标交易的杠杆作用，为统筹城乡

---

① 2010年11月16日，成都市国土资源局发布《关于进一步完善国有经营性建设用地使用权出让"持证准入"制度的公告》，明确从2011年1月1日起公告出让的地块，只能持建设用地指标参与国有经营性建设用地竞买。

② 《操作指南》从操作程序、投资概算和项目管理三个方面介绍农村土地综合整治项目的操作思路。每部分分别按照立项、实施、验收三步骤进行了说明，每个环节按照操作的时间流程排列。各类社会投资者均可以根据《操作指南》对拟投资想进行研究论证和科学决策。同时，《操作指南》也为农民集体和农户等项目立项、申报主体及各类金融投资机构在参与和投资农村土地综合整治项目过程中提供了参考。

③ 11月23日，"2010·中国·成都农村土地综合整治项目推介会暨签约仪式"在成都市会展中心举办。推介会期间，233家有意向投资成都市农村土地综合整治的企业代表、9家金融机构的代表、推介项目所在的区（市）县政府、乡镇、集体经济组织代表共400余人参加了会议，共推介农村土地综合整治项目142个，现场签约71个，签约金额达104亿元。

建设筹集更具持续性的资金。

3. 初次交易与叫停

12 月 17 日，成都农交所组织了首次建设用地指标交易[1]，结果最高成交价达到 92 万元/亩[2]，大大超出此前的预期，引发社会各界的强烈关注。一个星期之后（12 月 24 日），国土资源部派出了调研组到成都进行专题调研。按国土资源部相关要求，成都暂缓举行第二次建设用地指标交易[3]。紧接着，12 月 27 日，国务院出台了《关于严格规范城乡建设用地增减挂钩试点切实做好农村土地整治工作的通知》（国办发〔2010〕47 号），这是 2008 年《城乡建设用地增减挂钩试点管理办法》发布之后，对增减挂钩又一个规范政策[4]。

---

[1]　这次指标交易的总规模为 2000 亩，分 30 宗标的，178 家竞买人参与竞买，指标交易起始价 15 万元/亩，最高成交价 92 万元/亩，最低成交价 46.5 万元/亩，平均成交价 72.49 万元/亩，总成交价 14.5 亿元。这次交易不乏大型央企加入其中，保利集团与其关联企业在这次交易中就竞得 400 亩指标，总价 2.71 亿元。

[2]　这只是指标的价格，还不包括落地购买实物土地的费用和相关税费。

[3]　2010 年 12 月 28 日，成都农交所发出公告："原定于 2010 年 12 月 29 日的建设用地指标竞价会因故暂缓举行，具体交易时间另行公告。"

[4]　47 号文的核心内容是"严格规范增减挂钩试点"，提出了五点严格要求，即坚决扭转片面追求增加城镇建设用地指标的倾向；坚决制止以各种名义擅自开展土地置换等行为；严禁突破挂钩周转指标设立挂钩项目区、项目区跨县级行政区域设置；严禁盲目大拆大建和强迫农民住高楼；严禁侵害农民权益，必须充分听取当地农村基层组织和农民

国土资源部紧急叫停成都建设用地指标交易有两方面原因，一是来自国家层面对全国宏观经济形势的判断，二是成都指标交易对现行集体建设用地流转制度的冲击。2008 年底，为应对国际金融危机，中央政府推出"四万亿"经济刺激计划，随之实行货币适度宽松政策，致使2009—2010 年市场上货币投放量剧增。大量新增货币流入房地产市场，大中城市房价不断攀升，引发中央政府的密集调控。在保护耕地红线的约束下，通过增减挂钩和农村土地综合整治获取建设用地指标是地方政府推动经济增长的重要手段，其间出现不少用地违规现象。因此，中央政府试图通过规范用地行为达到调控房地产市场的目的。

此外，成都建设用地指标交易市场之所以被紧急叫停，与指标交易本身的制度设置有关。为了直接从国有土地出让中切出一定比例投入涉农领域，成都出台了"持证

的意见。之后不久，国务院相关领导给国土资源部下达明确批示："此项工作（严格规范增减挂钩试点、切实做好农村土地整治）十分重要。要严格清理检查、严肃处理纠正、完善规章制度，加强监督管理。务求实效，不走过场。"为落实国务院 47 号文的严格规定，国土资源部于 2011 年 2 月 12 日下发《国土资源部关于印发〈城乡建设用地增减挂钩试点和农村土地整治清理检查工作方案〉的通知》，开展了全国性城乡建设用地增减挂钩试点和农村土地整治清理检查工作。2011 年 6 月 19 日，国土资源部发布《城乡建设用地增减挂钩试点和农村土地整治有关问题的处理意见》，明确各类违规行为的处理方式。12 月 26 日，国土资源部发布《关于严格规范城乡建设用地增减挂钩试点工作的通知》，对未来 6 年的增减挂钩工作提出三方面要求：统筹安排增减挂钩试点、切实维护农民土地合法权益、规范增减挂钩试点管理。

准入"的政策，不仅将所有国有经营性建设用地都纳入其中，而且同时将农村建设用地的指标从国土部门之间扩展到了房地产企业。这就引来了不少大型房地产企业加入指标竞争中，最终抬高了成交价格。自此，成都农交所的建设用地指标交易暂停了 4 个月之久。

4. 从"持证准入"到"持证准用"

2011 年 4 月 13 日，成都市国土资源局发布了《关于完善建设用地指标交易制度促进农村土地综合整治的实施意见》，将此前的"持证准入"改为"持证准用"，即建设用地指标作为国有经营性建设用地首次出让的"准用"条件①。第二天，成都农交所联合成都市土地矿权交易中心发布《关于实行国有经营性建设用地使用权"持证准用"制度的公告》，决定从 2011 年 4 月 15 日起实施"持证准用"制度。"持证准用"与"持证准入"一字之差，在实际操作中差异却很大。

---

① 同时规定，成都市中心城区、二圈层区县（含青白江区）的国有经营性建设用地（不含工业用地）使用权首次出让，竞得人须持有相应面积的建设用地指标签订《国有建设用地使用权出让合同》；三圈层县（市）的国有经营性建设用地（不含工业用地）使用权首次出让，竞得人在签订《国有建设用地使用权出让合同》时，须按照市政府确定的建设用地指标当年最低保护价标准，缴纳竞买宗地相应面积的建设用地指标价款。成都市范围内城镇改造整理出的国有经营性建设用地使用权出让（非首次供应），竞得人不需持有建设用地指标，也不缴纳建设用地指标价款。

"持证准入"是指凡参加成都市国有经营性建设用地使用权竞买的申请人，必须持相应面积的《建设用地指标证书》才能报名参与土地拍卖。而"持证准用"是指土地拍卖开发商均可拿地，拍卖拿地后必须有建设用地指标才能签约；没有建设用地指标的开发商拿地后十天内需补办建设用地指标。在"持票准用"下，建设用地指标不一定是通过拍卖获得，而更多是在农交所里挂牌，等开发商拍到具体地块之后再来"摘牌"。换言之，开发商要竞拍土地，无须以手握建设用地指标为前提，只要拍得地块之后有足够的建设用地指标与之相匹配即可。因此，成都建设用地指标交易的场面由火爆进入平静，成都市政府尝试在全市范围内配置建设用地资源的做法受到限制，虽然这一做法曾经在灾后重建中发挥了巨大的作用。

截至2013年11月，农交所各类农村产权交易金额累计379亿元。其中，集体建设用地使用权交易70宗，交易面积1792.17632亩，交易金额6.34亿元；农村土地综合整治项目融资631宗，涉及面积43239.4988亩，融资金额99.35亿元；耕地占补平衡指标交易76宗，交易面积19700亩，交易金额9.48亿元；农村土地综合整治项目交易12宗，交易面积4367.92亩，交易金额8.34亿元。通过农交所这一平台，成都动员了不少社会资金进入统筹城乡建设，同时减轻了政府财政的支农压力。更重要的是，在地方政府融资平台受到中央宏观调控政策而难以为统筹城乡融资时，社会资金可以通过农交所而迅速找到投资对象并确定交易方式，从而为政府主导的土地经营制度的转型提供重要支撑。

六、融资平台的角色转换

成都并没有成功地延续灾后重建的用地优惠政策（中央给了 3 年期限），也无法像同为"全国统筹城乡综合配套改革试验区"的重庆那样，在一个省级行政区域内部配置"地票"资源。在"地"的文章上受阻之后，如果政府拥有足够的财力，仍然可以通过财政转移支付与政府投融资平台筹集资金以获取建设用地指标。

2008 年底，为应对国际金融危机而制定的"四万亿"计划带来了地方融资平台公司的飞速发展；与此同时，地方政府债务迅速膨胀[①]。此后，中央政府开始对地方政府债务进行严格管控，清理融资平台公司、规范举债机制。由于中央政府全面收紧银行向融资平台公司提供的信贷规模，融资平台公司不得不转向债券、信托、理财产品甚至私募等成本更高的融资渠道。以信托为例，2011 年至

---

① 2011 年 6 月 27 日，国家审计署公布《全国地方政府性债务审计结果》（2011 年第 35 号），截至 2010 年底，全国地方政府性债务余额达到 10.72 万亿元，其中 2009 年和 2010 年的新增债务达到 5.24 万亿元，占比 48.85%。

2013 年 6 月，仅龙泉区、柳城区和鹃县三地发行的信托产品实际募资额至少超过 107 亿元 [1]。

1. 非政府主体的兴起

面临高企的融资成本，成都市县两级政府都在考虑替代性方案。到了 2011 年，成都市大部分地区已经完成了农村土地和房屋的确权颁证，而灾后重建中社会资本与农村土地资源的结合所积累的经验给市县两级政府提供了另一条出路，即充分利用农村产权制度改革成果和灾后联合重建经验推进社会资本直接介入集体建设用地流转。这样，替代性方案就是以农村集体经济组织为主体实施土地综合整治。从合法性上看，这一方案既保证了以农民为主体的农村发展，又有利于促进生产要素在城乡之间自由流动 [2]。

土地作为一种生产要素，在不同的制度约束下，其"自由流动程度"相差甚远。而且，同样一幅土地的流动性在不同主体那里完全不同，对于政府来讲流动性极好的土地对农民来讲则未必。在征地制度下，只有通过政府征用才能合法出让，农户与村集体不可能做到让土地资源自

---

[1] 《统筹城乡的融资烦恼：成都三区县政府平台百亿信托融资样本》，《21世纪经济报道》2013 年 7 月 23 日。

[2] 2010 年 10 月，中央公布了"十二五"规划，提出"促进公共资源在城乡之间均衡配置、生产要素在城乡之间自由流动"。成都市委、市政府也在 2010 年出台《关于实现生产要素在城乡之间自由流动的意见》。

由流动。显然，"十二五"规划和成都市委、市政府 2010
年出台的 29 号文所讲的"生产要素在城乡之间自由流动"
的主体是农民及村集体。接下来的问题是，即便政府同意
农民作为土地整理的主体，农民和村集体如何能够做到自
行整理并转让建设用地指标呢？政府通过土地储备中心、
融资平台公司能够很便利地利用国有土地进行抵押，利用
土地的未来收益预期为前期的土地整理融资。

对农民和村集体来讲，关键的环节在于，农民的土
地能否"非经政府之手"而进行抵押贷款，以此来整理并
转让建设用地指标。由于土地整理需要垫付的资金非常
多，大多农户、村集体或者社会资本并没有充足的自有资
金来操作这样的项目。因此，最大的挑战在于是否能够自
行融资进行土地整理。本书在前面章节曾经提及，在灾后
重建的特定背景下，成都银行和成都农商银行都为农户、
村集体与企业提供过以集体土地作为抵押的贷款。这种特
殊政策随着特殊时期的结束而终结，在常规时期如何赋予
集体土地抵押功能则需要更为深入的探索，因为这涉及与
《担保法》《物权法》等法律法规的直接冲突。在这些法律
规定下，集体土地的不能作为有效抵押物。

2. 抵押与担保的突破

成都市首先突破这一限制的做法是成立相应的担保
机构，为抵押融资增信。2008 年 5 月 21 日，成都市农村

产权流转担保股份有限公司（简称"成都农担公司"）正式成立①，其服务对象是产权明晰的农村集体经济组织、具有独立法人资格的农村企业（含乡镇企业、涉农服务的其他企业等）、农民个人等项目实施主体。成都农担公司不仅可以对土地承包经营权、林权等流转行为进行担保，而且可以对利用宅基地、农村房屋、新居工程抵押融资等进行的担保。担保机构的成立有助于解决农村产权增信主体缺失的问题，但是由于农担公司需要收取一定担保费用（1.5%—3%），增加了农民主体整理土地的财务成本。

2009年11月3日，成都市人民政府办公厅下发《关于成都市农村产权抵押融资总体方案及相关管理办法的通知》，这份政策文件同时包含了四个附件，即《成都市农村产权抵押融资总体方案》《成都市集体建设用地使用权抵押融资管理办法（试行）》《成都市农村房屋产权抵押融资管理办法（试行）》《成都市农村土地承包经营权抵押融资管理办法（试行）》，详细规定了农村集体土地、房屋抵押融资的各项要求。

《成都市农村产权抵押融资总体方案》（以下简称《方

---

① 成都市农村产权流转担保股份有限公司是由成都市现代农业发展投资有限公司、成都市小城镇投资有限公司、成都市现代农业物流业投资有限公司和18家成都区（市）县现代农业发展投资公司共计21家股东共同以发起方式设立的股份有限公司。公司注册资本3亿元，成都市现代农业发展投资有限公司为控股股东，占56.7%的股份。

案》）由成都市政府金融办、市国土资源局、市农委、市房管局共同制定。《方案》将"集体建设用地使用权抵押融资"界定为，借款人在不转移土地占有、不改变土地用途、保持土地所有权不变和征得所在集体经济组织同意的情况下，将集体建设用地使用权作为抵押担保，向金融机构申请贷款。抵押（借贷）当事人按照集体建设用地使用权的市场评估价值或抵押当事人认可的价值签订抵押合同和贷款合同后，共同持有效材料到区（市）县国土资源管理部门办理抵押登记手续，金融机构据此发放贷款。这里的关键环节是建设用地使用权的市场评估。《方案》规定，区（市）县政府负责制定并公布区域内农村土地承包经营权基准价格、集体建设用地使用权基准价格和最低保护价，为农村产权的价值评估提供依据和基础。

《成都市集体建设用地使用权抵押融资管理办法（试行）》（以下简称《管理办法》）由成都市政府金融办和市国土资源局共同制定。《管理办法》明确规定了贷款申请的程序与要件，以及抵押登记的具体内容。需要注意的是，这些规定并没有对担保环节提出操作化方案，所以，依然没有解决有效担保物的难题。

3. 鹃县作为试点

对于成都的远郊县（比如庆西县、灌州市）来讲，土地价值不是很高，土地整理的成本却不低。因此，那里出现集体建设用地自主流转的情形，其逻辑容易讲通。对于近郊区县来讲，土地价值比较高，从理论上讲，政府"放手"的可能性比较小。由于这些地区经济发展比较快，建设用地指标早就用完，只能从农村集体建设用地整理入手挖掘潜力。而靠近成都市区的农民对土地相对价格变动的感受比较深刻，他们对土地增值利益的分享诉求也比较强烈，所以土地整理的成本不见得低。

为了推动近郊区的生产要素自由流动，成都市政府决定将郫县作为试点县①。2011 年 2 月 9 日，成都市统筹城乡综合配套改革试验区建设领导小组办公室发布《成都市实现生产要素在城乡之间自由流动改革试点指导组关于开展生产要素在城乡之间自由流动试点工作的安排意见》，明确提出"实现生产要素的直接抵押担保融资"。试点区（市）县要进一步完善金融服务体系，建立农村产权抵押担保风险基金，支持金融机构积极开展农村房屋、土地承包经营权、林权、集体建设用地使用权等农村产权的直接抵押融资。

郫县是生产要素在城乡之间自由流动改革的试点县。在成都下辖的各区县中，郫县率先完成了农村土地和房屋的确权颁证，集体资产的股份量化与确权颁证，并且探索

---

① 另一个试点在金堂县，属于远郊县。

建立起长久不变的产权关系①。此外，郫县位于成都市近郊（二圈层），部分乡镇甚至接近成都市三环路。2011 年，郫县进入全国经济百强县行列，除双流之外，是成都最发达的县（市）。较强的经济实力为郫县探索用地制度改革、生产要素自由流动提供了基础。

2012 年 1 月 15 日，郫县县委、郫县人民政府向成都市委提交《关于深化生产要素在城乡之间自由流动试点工作的情况报告》，指出郫县在生产要素自由流动试点工作中初步探索出农村生产要素与社会资金有效对接的路径和办法②。一般的操作办法是，村民以确权颁证的土地入股成立资产管理公司，以此作为土地整理项目的实施主体；然后以集体建设用地作为抵押品向商业银行贷款融资实施

① 　根据 2012 年 1 月 7 日郫县县委、县政府《郫县深化生产要素在城乡之间自由流动改革试点情况汇报》，郫县于 2011 年 6 月底全面完成全县农村土地和房屋的确权颁证，涉及 152 个村（涉农社区），1624 个村民小组、9.3 万农户，确权范围包括集体土地所有权、集体土地（宅基地）使用权、农村土地承包经营权、房屋所有权、集体林权等。完成全县 137 个村 1538 个组的集体资产清资核产和债权债务清理，1489 个组完成集体资产股份量化，占应股份量化总组数 99.2%。全县 1003 个组形成土地承包经营权长久不变的决议，已有 608 个组形成集体建设用地（宅基地）使用权长久不变的决议，全县 96.9%符合条件的组已经建立起长久不变的产权关系。

② 　截至 2011 年底，郫县一共有 57 个集体建设用地整理项目和 30 个农用地整理项目通过省市立项批复，已经实施 45 个集体建设用地整理项目和 25 个农用地整理项目，已完成 15 个集体建设用地整理项目和 17 个农用地整理项目。投资总额达 35.3 亿元，已完成投资 15.3 亿元，其中银行融资 8.3 亿元，引进社会资本和政府平台公司投资 7 亿元。

土地整理，整理出来的建设用地指标经有关部门审核验收通过后直接转让给社会资本，后者支付的购买款用于偿还前期整理土地的投入和农民新居的建设。另一种方式是社会资本垫付前期土地整理、拆旧建新的费用，待指标整理出来后直接流转。不管是哪一种方式，这些操作流程已经脱离了政府的融资平台公司，而是由村集体经济组织（资产管理公司或者土地股份合作社）、社会资本与商业银行之间签订合约来实施。

截至 2011 年底，鹃县全县建立了 23 个村集体资产管理公司，向银行贷款融资 9.8 亿元[①]，引进到位社会资金 8.6 亿元，实施了 23 个土地综合整理项目，已建成入住 6.3 万平方米的农民新居，已完成 35 万平方米的农民新居主体建设。另一种方式是由社会资本作为主体直接投入实施土地综合整理和产业项目建设。鹃县已引进新加坡帝皇集团、北京东升集团等 4 家企业协议投资 216 亿元，已完成投资 26.8 亿元，实施土地综合整治和一般场镇改造，启动实施了 18 个村集体建设用地整理，已建成 26.2 万平方米农民新居。

为了最大限度吸引社会资金直接流转集体建设用地，鹃县政府激励每个乡镇投入"招商引资"，几个主要乡镇

---

① 其中，利用农村产权抵押贷款余额达 8.3 亿元。在 8.3 亿元中，担保贷款余额 7.8 亿元，直接抵押贷款余额 0.5 亿元。

在 2011 年吸引的社会资本都超过了 10 亿元。在鹃县领导看来，来自城市的社会资本与农村土地结合，是扩大内需和下一阶段经济增长的核心所在，"空间在这、动力在这、潜力也在这"。

4."银政合作"

在灾后重建中，成都银行与成都农商银行积累了与农民打交道的大量经验。成都银行的一位相关负责人经历过灾后重建中为农户发放贷款，在访谈中他说，"在灾后住房重建那么困难的情况下，农户都能还钱，这说明农民还是很讲信用的"。由于长期以来我国农村普遍存在金融抑制现象，农民手中的资源流动性很差，资本化功能几乎不存在，这导致金融机构越来越远离农村。灾后重建为金融资本与农民的结合提供了契机，而短期的接触对未来的业务开展提供了经验基础。此外，早在 2009 年底，成都市政府就出台了农村土地、房屋抵押融资的相关政策，这也为后来金融机构进入涉农领域做了准备。

最终实现突破的是成都下辖区县与银行的战略合作协议。2011 年 7 月，鹃县政府与成都农商银行举行"深化运用农村产权制度改革成果，加快推进现代田园城市示范建设"合作启动仪式，成都农商银行为鹃县农村集体经济组织和农户现场授信、贷款 2.6 亿多元，并承诺未来 3 年为鹃县投放信贷资金 30 多亿元，支持集体资产管理公司实施 20 个土地综合整治项目；投放 1 亿元，支持集体经济组织实体化运作和积累发展；投放 5000 万元，支持种植大户发展家庭适度规模经营。此外，二者的合作还有三个方面的突破，一是取消政策性担保环节，采取农村产权直接抵押的方式融资，此举能够降低 1.5%—3%的融资成本。二是将项目自筹资金比例由 30%降低到 20%，并通过县政府设立 5000 万元引导性周转基金、引进社会资本和农民自筹等方式，解决集体资产管理公司项目自筹资金问题。三是建立信贷风险防范机制，组建了县政府与成都农商行合作试点办公室，建立了信贷项目联合推荐、信贷资金联合监管、信贷风险联合防范"三联合"工作机制，确保改革试点风险可控。

截至 2011 年底，成都农商行已经确定了首批 8 个共 7.5 亿元的土地综合整治信贷项目，已有 4 个土地综合整治项目融资到位 3 亿元并启动建设。已有 6 个集体经济组织利用确权后的集体资产作为抵押，向成都农商行融资 650 万元，已有 28 个农户利用房屋所有权证、土地承包经营权证直接抵押贷款 1669 万元。

除了鹃县政府与成都农商行的"银政合作"之外，2011 年 8 月，庆西县政府与成都银行签署《深化生产要素在城乡之间自由流动试点融资战略合作协议》，提出一系列金融支持生产要素自由流动的项目。成都银行在 3 年内为庆西县的试点区域提供 25 亿元的信贷额度，支持生产要素自由流动深化试点，其中 15 亿元用于试点区域内的农村土地综合整治项目，4 亿元用于一般场镇改造项目，5 亿元支持 1—2 个农业产业化项目，1 亿元支持农业大户生产经营。

随着农村土地、房屋确权颁证的逐渐完善，成都农商银行和成都银行与成都下辖区县的合作也不断深化。但在相当长的一段时间内，与区县政府合作的更多是成都本地的银行，全国性银行多处于观望阶段。2012 年 11 月，郫县政府与中国农业发展银行四川省分行营业部正式签订了"两化互动、城乡统筹"项目战略合作协议。通过此次战略合作，中国农业发展银行四川省分行将在未来五年内为郫县提供 30 亿元的资金支持，主要用于郫县农村土地的整理、新型社区的建设、农业产业结构的调整以及道路和渠系的改造等方面。除此之外，农业银行、建设银行等大型国有商业银行也在不断跟进与区县政府的合作，但由于后者审批体系比较僵化，直到 2013 年底仍无实质性进展。

七、土地分利流转的进一步条件

虽然成都市政府允许并鼓励集体建设用地自主流转，但这并不意味着所有村庄都能自主实施土地整理，进而将建设用地（指标）流转出去。我们从前文深入分析的三个案例可以概括出土地分利流转的进一步条件。

1. 相对价格变动

促使资源转让的根本动力在于相对价格的变动，正是有了资源交易的潜在收益的信号作用，村集体和农民才会行动起来，积极地投入一项充满风险的经济活动中去。

在金陵二组的案例中，老杨作为一个在外地闯荡多年的生意人，对市场机会的把握非常精准，他知道除了指标可以卖给国土部门以外还可以到成都农村产权交易所挂牌出售，而且后者的所得通常比前者高。

荷村和指路村在获取潜在收益信息上有一个共同的做法，即组织村民到那些已经搞过土地综合整理的村庄去参观，这些经历开阔了村民的视野，对最终达成一致意见的帮助很大[①]。荷村一开始有不少村民怀疑能不能搞好项目，参观过后就有一大半人同意了；指路村部分村民出去参观过后甚至认为，他们有实力也有信心做得比别的村好。

当然，从更一般的意义上讲，三个案例所处的成都市是我国区域中心城市，是西部经济总量最大的副省级城市，本身就具备很强的资源动员能力。经验表明，城市化加速发展过程中，经济社会活动最为激烈的地方是

---

① 学习以及伴随的信息获取过程对制度变迁至关重要，道格拉斯·诺思对此做过深入研究（诺思，2008），制度演化理论尤其注重学习的影响（纳尔逊、温特，1997），有些学者也用此视角研究中国的制度变迁（周业安，2000）。

大城市的周边，亦即"城乡接合部"①。三个村庄虽然离成都市中心（"一圈层"）尚有一段距离，但这个人口超千万的特大城市在资源集聚、信息扩散上具有的能量确是惊人的。土地的不同用途、在不同位置、不同人手中利用所产生的价值差异在这里表现得更为夸张，这就是相对价格的力量。

2. 清晰的产权界定

资源具有潜在的市场收益这一事实可能带来资源更有效率的配置，也可能引发激烈的争夺，最终导致租值耗散（Rent Dissipation）（Knight，1924；Gordon，1954；Hardin，1968；Cheung，1970、1974；Barzel，1974）。成都之所以能够在推进集体建设用地流转方面出现上述案例，其关键性原因在于前期花了大量的时间和精力厘清农村土地、房屋及各类资源、资产的权利边界（陈家泽，2009；郭晓鸣等，2012）。众所周知，形成于国家工业化时代的农村集体所有制，在农民、集体和国家之间的权利界定方面存在着天然的模糊性，一旦土地开始流转，模糊的产权就很容易为相互侵犯权利提供"方便"（北京大学国家发展研究院综合课题组，2010）。因此，回过

---

① 加拿大记者道格·桑德斯的著作《落脚城市》对此有非常生动的描绘。

头来看，从 2008 年开始的农村房屋、土地确权颁证为后来的集体建设用地流转奠定了坚实的基础。

荷村、金陵二组和指路村都是在完成土地、房屋确权的基础上进行的，这些村庄都由村民自发形成农村土地承包经营权、宅基地等集体建设用地使用权长久不变的决议，这项工作虽然在面上未得到法律的承认，但产权固化的观念在村庄内部已经有了一定根基，村庄内部附着在身份上的财产权利经此一举而剥离出来，成为具备独立行使、可用于交易的权利，这是资源以较低成本进入市场交易的前提。

3. 基层事业家的才能

有了相对价格的引导和清晰的产权界定作为基础，需要有具备企业家精神的人发现这些信息，并且将各种要素组合在一起方可成就土地综合整理这种复杂的事业。土地综合整理要与国土、规划、农业、发改、建设等许多部门打交道，需要具备非同常人的能耐和知识。

我们发现，本书三个案例的领头人都是身兼村组干部和企业家两重角色。

荷村的书记老胡在当地很有名望，多次被表彰①。访

---

① 曾先后被表彰为庆西县、成都市"优秀村党组织书记"，当选为庆西县、成都市人大代表，连续 7 年被表彰为庆西县"优秀共产党员"。2009年 7 月，被中共四川省委表彰为"四川省优秀村党组织书记"。

谈中他不断强调带领农民致富是基层干部的首要职责，他所在的村庄近年来有不少村民办加工厂，搞起养殖业、运输业等。村里的3000多亩①耕地大部分转包出去，老胡鼓励村民向外来承包大户学习，之后有十几户农户分别承包了几十亩土地种起了金银花和红提。

金陵二组的组长老杨汶川地震前做过许多生意②，在村组里很有号召力③。在项目推进的每一个环节，老杨都花了不少心血④，尤其是在跟不同的农户以及各级政府打交道上面。即便后来项目已经搞完了，老杨也还一直在想着如何带领村民致富⑤。

————————————

①　这个村庄原先是由两个行政村合并而成，所以面积比较大。3000亩承包地分别种上了1000亩红提葡萄、1000亩金银花、1000亩荷花，形成颇有名气的"三千"产业。

②　老杨最早在镇上开过皮鞋厂、纽扣厂，也去外地做副食批发，挣了不少钱。后来，老杨又回到镇上办酒店、搞农家乐、做建材贸易。汶川地震之前在云南、青海等地方搞路桥工程，是一个闲不住的人。

③　2008年成都开展农村产权制度改革，由于确权的需要，老杨被通知回到本组开确权的村民大会。当时，二组的队长是代理队长，村民对他的工作并不满意。当老杨回来后，金陵二组的村民就集体推选老杨为生产队队长。集中居住项目搞完之后，老杨受到村民的广泛欢迎，之后的村"两委"换届选举，他被推选为副村长兼安置小区管委会主任，同时兼任二组组长。

④　在争取成为灌州市灾后重建挂钩指标试点村组时，老杨花费了大量的时间和精力；为了使连片的建设用地能够成功流转，老杨与规划、国土、建设等部门反复沟通，碰了很多"钉子"。在2013年底笔者再次走访时，老杨和家人谈起5年前项目的实施过程，仍觉委屈和辛酸。

⑤　他认为在实现集中居住之后，完全有条件搞土地规模流转经营，下一步他准备引进猕猴桃种植，带领村民一起搞生态农业。此外，搞完这

指路村的孙书记自己开了一个小型铸造厂，一边经营工厂，一边当书记。指路村的项目凝聚着老孙不少心血，在几次访谈中，老孙对村民在项目启动时交保证金的场景感慨不已，"项目启动时要求参与的农户每户交1万元保证金，交钱当天，村民都是拿着现金到村委会来，从早上9点到下午6点，一共收到1250万元"。村会计在访谈中说，从来没有见过那么多现金，那天"数钱数到手抽筋"的情形令他印象深刻。老孙每次讲到这个情景就激动不已，他说自己当一个小小的书记有什么能耐让大家这么信任他。他一直感到责任很重大，需要花费很大的心思和精力。

4.各级政府的支持

制度经济学的研究表明，在一个财富最大化的世界里，那些能使人们在非人际关系化交换条件下从贸易中获取收益的复杂契约，必须伴随着某种形式的第三方实施。因为在非人际关系化交换的条件下，纯粹自发的第三方实施系统的交易费用是相当高的。相比之下，由政治组织作

个项目之后，老杨觉得这种做法是有钱赚的，他准备自己成立一家公司，到其他地方去寻找新的项目，专门搞土地整理，希望以后还能拓展后续的经营开发业务。在2013年底的走访中，老杨告诉我们，有不少村庄联系他，希望让他去做土地综合整治的业务，他同时还在重庆承包了上万亩地，用来种猕猴桃。

为第三方、动用强制力量来实施合约，则在监管与实施合约方面存在着巨大的规模经济效应（诺思，2008）。问题在于，这个第三方为什么愿意"让利于民"？

金陵村的案例中，灌州市政府（尤其是其国土部门）在老杨拿指标去成都农村产权交易所挂牌拍卖这个事情上给予极大的支持，这个事情甚至越过了乡镇政府。乡镇政府往往期待那些本行政辖区范围内的指标能够"落"到自己手中，从而能够推动经济的发展[①]。无利不起早，项目实施到最后，灌州市国土部门从中获得的分成收益204.24万元，各类税费计170.2万元。与政府主导的项目不同，金陵村的项目并没有让政府事先投入一分钱，所以这些收益可视为政府的纯收益。

荷村的案例一开始是由村支书接洽前来寻求合作的公司，但由于计划投资规模不小，这对于乡镇政府和庆西县政府来讲非常重要[②]。庆西县一级领导召开协调会，为项目进展提供帮助。庆西县国土资源局、土地储备中心还为该项目的银行贷款提供担保，这也就极大地保证了该项

---

① 自2008年至今，在农村集体建设用地的"指标运作"的发展过程中，存在着一系列新的变化，最为典型的一点就是土地指标的交易范围存在一系列变化。实际情况是，部分整理出周转指标的乡镇政府不愿意将指标卖出，强势的乡镇一把手"宁舍乌纱帽，不弃一指标"（谭明智，2013）。

② 庆西县政府还将这个项目上报到成都市发改委，列入2012年成都市的重点项目。

目的顺利实施。

指路村的案例得到乡镇政府的大力支持，后者帮助村庄的规划方案尽快获得市县审批。乡镇政府跟村里有一个私下的协定，等指标整理出来之后，以每亩 38 万元的价格挂钩到乡镇政府所在地的村庄，后者准备做一个产业园。此外，成都市委办公厅、市政府办公厅、市统筹委都到指路村来总结经验，并且在全市范围内下发推广学习材料。

很显然，离开各级政府各种形式的支持，这些村庄所谓的自主整理项目的实施就难以想象。此外，我们还注意到，这些项目都有着比成都市等级更高的政府及相关领导过来参观考察。中央及省市领导的参观考察也构成这些项目的一个合法性来源①，这也是一种支持形式。特别是

---

① 2010 年 8 月，时任中共中央政治局委员、国务委员刘延东到金陵村考察。http://sichuandaily.scol.com.cn/2010/08/06/20100806555494083370.htm。
2011 年 4 月，时任中共中央政治局委员、中央书记处书记、中央宣传部部长刘云山前往金陵花园考察农村新型社区建设情况，四川省和成都市主要领导均陪同考察。http://www.cdrb.com.cn/html/2011-04/20/content_1249545.htm。
2013 年 6 月 5 日，四川省全省产村相融成片推进新农村建设现场会在成都庆西县召开，省委常委、省委农工委主任李昌平出席会议并讲话，与会代表参观了该村土地综合整理项目。http://www.cdrb.com.cn/html/2013-06/06/content_1861739.htm。
2013 年 7 月 3 日，国土资源部胡存智副部长一行在省市县领导及相关部门负责人的陪同下实地视察了古城镇指路村土地整理"五自模式"一期安置点施工现场。http://www.pxxcb.gov.cn/article.php?act=detail&id=3143。

中央政府和国家领导人的参观考察，更成了项目合法性的有力支持。

5.社会资本愿意"冒险"

转让权的实施必须要有人接手，接手之人对资源未来价值的预估很大程度上影响了价格的确定。成都市统筹城乡改革吸引了不少社会资金进入，但社会资金愿意对接的是多是经过政府土地储备中心或者融资平台公司整理出来的指标，而不是村集体①。原因主要有两方面，一是这些公司对成都所实施的试点政策往往存有疑虑，担心这些"先行先试"的做法在合规性上存在过大的风险，因此与政策部门合作能够更为有效地分散这些风险。二是与村庄打交道过于麻烦，这些外来公司在城里开发地产或其他产业项目大多轻车熟路，因为后者往往具备成型的操作程序，虽然复杂，但却是明细确定的；与此不同，跟村集体、村民打交道则存在各种不确定性，在行政权力可以随意干预私有产权的传统中，资本方对此深有疑虑。在成都其实也有社会资本作为主体进行土地综合整理的项目，但其道路较为曲折。

---

① 村集体一般是成立土地股份合作社或者集体资产管理公司作为土地整理项目的操作主体。

第八章　结论与展望

一、基本结论

在政府垄断工业化和城市化进程中的土地增值收益的制度安排下，一方面由于非政府主体（特别是农户与村集体）的非农土地建设开发权被严格限制，导致收益分配严重失衡，也积累了大量的社会矛盾和法外现象。另一方面，在分税制的财税体制下，地方政府有着极强的激励从事土地经营活动，加上上级考核与同级竞争的共同作用，地方政府严重依赖于土地出让收入与融资功能。更重要的是，中央政府对地方所下达的民生任务最终被转嫁进土地收益之中，更加强化了地方对土地的依赖。

从新制度经济学对制度变迁的经典理解来看，相对价格变动是制度变迁的原动力。地方政府经营土地的做法最大化了其应对中央政府的考核和任务分配，同时也为自己参与地区竞争和主要领导晋升积累资本。这一套做法随着拿地成本的上升、中央加派任务的增多以及融资功能的收紧而导致相对收益不断下降，则构成了政府在土地经营中"放手"的原动力。但问题的关键在于，中国各个地区均面临着同样的问题，并不是每一个地方都能走出"政府让利、非政府主体分利"的土地开发模式。

不同的地方政府因应土地经营相对价格变动的资源和方式不同，拥有政策试验权利的城市能够在更大的政策集合中寻找解决方案。需要注意的是，规定这一政策集合边界的重要力量是中央政府的授权范围，或者说中央政府和地方政府的关系。为了保护耕地、保障粮食安全，中央政府从 20 世纪末以来全面收紧土地管制权力，实施建设用地指标管理，逐级分配相对于经济发展来讲为数不多的指标。城乡建设用地增减挂钩政策的实施通过空间置换缓解了用地需求与保障底线，成都所在的四川省是国家首批增减挂钩试点省份，因此，成都市能够合法使用这一弹性政策，为政府筹集足够的发展资金和空间。

作为全国统筹城乡综合配套改革试验区，成都在探索政府退出直接经营土地方面具有一定的合法性支持。汶川地震不过是提供了契机，以一种极具张力的形式将中央政府和地方政府的关系表现出来，为了保障灾民尽快入住新居，中央政府开了口子，允许成都吸引社会资本参与灾后重建。有了这一难得的社会试验，成都农村集体土地在确权的基础上被激活，由此开启了分利流转的多种样式。首先，重建中节约出来的建设用地指标，可以跨越县级行政边界而挂钩到近郊区县，更为直接地赋予农民获取土地级差收益的权利；其次，在允许社会资本通过进入灾后重建领域而直接与农民的建设用地结合，城乡资本与土地近乎隔绝的局面出现了一道合法流转的口子。

2008年10月，借着党的十七届三中全会之东风而成立的成都农村产权交易所(全国第一家)，集体建设用地(包括实物和指标)交易有了一个公开、合法的价格发现平台。虽然交易所被上级部门紧急叫停并整顿，但其向成都乃至全社会所发送的信号却不胫而走，从而为各方投入农村土地整理和开发建设提供更大的出口。金陵村的案例鲜活地体现出了农村产权交易所对资源配置、产权实施的影响。

比灾后的联合重建走得更远的不仅有农村产权交易所，还有成都的地方性金融机构，后者探索了农村产权抵押融资业务，进而将为数不少的资源投入到农村土地整理中。有了金融资源的支持，非政府主体所进行的土地分利流转就获得了坚实的基础。时至今日，成都的地方性金融机构已经蹚出了农村产权直接抵押贷款的实践路径。虽然其间仍有地方政府的多重影响在发挥作用，但是却从产权资源跨期配置上为非政府主体提供了可行的工具。

二、未来展望

时隔十余年，于今回望成都土地制度改革，其所经历的从确权颁证到合法流转再到抵押融资的探索，具有很强的生命力和示范性。党的十八大以来，中央着力推进农村各类资源资产确权登记颁证，进而鼓励各地探索宅基地流转、集体经营性建设用地入市等实现形式，引导金融资本、工商资本下乡，完善乡村金融服务体系。

展望未来，我国开启了全面建设社会主义现代化国家新征程，要全面实施乡村振兴战略，加快推进农业农村现代化，就必须顺应人口流动和城镇化发展趋势，建立健全城乡要素平等交换、双向流动的政策体系。在这个意义上看，成都成为全国农村改革、城乡融合发展的先行者，其所探索的系统做法将对其他地方形成示范引领，为农业农村现代化建设提供宝贵经验。

第七次全国人口普查数据显示，我国常住人口城镇化率为63.89%，与2010年第六次全国人口普查相比，城镇人口增加2.36亿人，乡村人口减少1.64亿人，城镇化率提高了14.21个百分点。未来5—10年，城镇化仍处在稳步增长阶段，也是全面转型、质量提升的关键期。考虑到当前户籍人口城镇化率仅为45.4%，随着户籍制度改革加快推进和农业转移人口市民化政策走深走实，超大特大城市落户限制不断放开放宽，农业转移人口深度融入城镇地区，每年仍有千万人口离开农村、进入城市落脚安居，农村低效闲置用地用房仍面临较大的流转需求。在人口流出、经济收缩地区，要积极推动宅基地自愿有偿流转、有序退出。在人口流入较多的大城市郊区，加快推进集体经营性建设用地入市，增加租赁用地用房及相应的公共服务设施供给，更好地满足人口增长带来的居住和生活需求。

三、土地的分利流转与财政国家的转型

分利流转的做法除了可以用制度变迁的分析视角加以研究之外，还可以从政府财政变迁的角度加以探讨。土地出让金的本质是一种土地租金，是政府出让土地几十年使用权而换取的直接收入。分税制改革之后，地方政府的事权越来越多，财权却越来越少，二者之间的缺口不断加大。与此同时，土地出让金收入归地方政府所有，地方政府可以动用合法强制力征收土地，这导致的结果就是土地出让金在地方财政收入中所占比重越来越大，加上土地抵押融资，地方政府对土地的依赖程度越来越高（刘守英等，2012）。

这种依靠垄断某种资源而形成政府财政收入主要来源的财政体系，其本质是一种"租金财政"。财政社会学的研究表明，政府财政收入的来源与结构对政府行为有着深刻的影响（Ames 和 Rapp，1977；Block，1981；Alt，1983；Tarschys，1988；Campbell 和 Lindberg，1990；Campbell，1993；Allen 和 Campbell，1994；Cheibub，1998；Gould 和 Baker，2002）。依靠垄断某种资源的供给而获得相应租金来维持政府财政收入的国家，在其治理实

践中，非政府主体的分利行为严重受限，收入分配也会随之日益恶化（Moore，2004）。我国近年来城乡收入差距日益扩大的一个重要根源就是土地产权制度安排中的城乡"同地不同权"（张曙光，2011；邢亦青，2011；北京大学国家发展研究院综合课题组，2010；钱忠好、牟燕，2013）。

从单纯依靠土地出让金转向依靠从人们的产权实施活动（包括占有、收益、转让等）中抽取税金的"税收财政"，是包括英美在内的发达国家通行之路。"税收财政"体现在国家的治理实践中，就是非政府主体可以合理、合法地参与分利活动，包括政府在内的不同主体之间的权责利关系更为清晰明确，资源配置效率也会随之提高。进一步讲，财政类型的变迁必定引发国家与社会关系的变化，最终导致社会和政治变迁（Schumpeter，1991；马骏，2011）。

成都的土地分利流转所探索出的收益分配格局内含着"租金财政"向"税收财政"的转变①，其机理与逻辑何在，这是需要引起注意并值得持续关注的议题，也是中国城市化进程中不可避免要面对的问题。此外，以村民议事会、土地股份合作社、农村集体资产股份公司为载体的基层治理机制在土地分利流转过程中发育、成长起来，这具有重要的社会和政治变迁意涵，也需要引起重视。

---

① 其直接体现就是，对于集体建设用地使用权初次流转，按照成交价格10%标准缴纳公共基础设施和公用事业建设配套费。这就有别于土地出让金的做法。

四、以制度性身份为基础的产权安排及其变迁

在产权经济学看来，商品（服务）交易的实质是权利交易，权利附着于商品或服务之上（Demsetz，1967、2002）。产权所有者本身对交易行为的影响体现在权利在不同人手中实施的效果不同，所有者的身份并不会对权利实施构成障碍。在当代中国的经济社会领域，我们发现，财产所有者的身份对产权实施产生深刻的影响。更为重要的是，这里的所有者身份并不是天生的自然禀赋，而是通过特定的制度安排形成的，难以通过"协议"改变①。

城乡二元制度是形成制度性身份区隔的典型代表，农村居民所拥有的产权在实施过程中被严格限制。归属于集体所有的农村土地对非农用途的开发利用并不拥有合法权利，只有被转为国家所有才能被赋予合法开发权，从而形成"同地不同权"的格局。问题的关键在于，现实中的人们受到相对价格变动的引导，早就冲破这些限制。在各大中城市周边大量未经国家"征地—出让"而进入市场交易的楼盘就此处于非常尴尬的状态，政府部门三令五申宣称这些楼房"不受法律保护"，但却无力全部拆除。市场

---

① 19世纪英国著名法律史学家梅因在《古代法》一书中指出："旧的法律是在人出生时就不可改变地确定了一个人的社会地位，现代法律则允许他用协议的方法来为其自己创设社会地位。"由此，梅因提出从古代社会到现代社会的转变，其实质是从"身份"向"契约"的转变。

对这些被称为"小产权房"的商品需求并不因国家法律不保护而消失，这就形成一个巨大的"法外市场"。

土地流转中的分利行为的实质是"分权"，即非政府社会主体能够以合法的身份实施土地转让权与收益权。在分权得以合法实现的同时，权利所附着的基础部分地从制度性的身份转向商品和服务。理论上讲，"同地不同权"的格局本身就对非政府主体分享土地租金提供一种激励。当权利在不同主体之间差异越大，这种激励就越大，但并不意味着政府会主动承认其他主体的权利。本书对土地分利流转的考察可以引导出这样的问题，即政府在什么制度条件下会允许其他社会主体分利（分权），从而实现权利基础变迁。

五、土地分利流转与共同富裕

共同富裕是社会主义的本质要求，是人民群众的共同期盼。党的十九大报告指出，经过长期努力，中国特色社会主义进入了新时代，这是我国发展新的历史方位。这个新时代，是全国各族人民团结奋斗、不断创造美好生活、逐步实现全体人民共同富裕的时代。党的十九届五中全会审议通过了《中共中央关于制定国民经济和社会发展第十四个五年规划和二〇三五年远景目标的建议》，对扎实推动共同富裕作出重大战略部署，支持浙江高质量发展建设共同富裕示范区。

2021 年 8 月 17 日，习近平总书记主持召开中央财经委员会第十次会议，研究扎实促进共同富裕问题。会议强调，"共同富裕是全体人民的富裕，要分阶段促进共同富裕。要促进农民农村共同富裕，巩固拓展脱贫攻坚成果，全面推进乡村振兴，加强农村基础设施和公共服务体系建设，改善农村人居环境"。共同富裕的一大薄弱环节在乡村，没有农业农村现代化，就没有整个国家现代化，全体人民共同富裕的目标就无法实现。2019 年，我国人均国民总收入（GNI）首次突破 1 万美元大关，达到 10410 美元，高于中等偏上收入国家 9074 美元的平均水平。按照目前的发展速度，到"十四五"末期，我国大概率将迈入高收入国家行列。与此同时，应当清醒而深刻地认识到，收入差距将对共同富裕目标的实现带来重大挑战。

我国实现共同富裕的一大任务，是缩小城乡区域差距。衡量城乡发展格局的一个综合性指标，是城乡居民收入差距。2020 年，我国城乡居民人均可支配收入之比为2.56：1。该比值近年来有所收敛，但城乡差距仍有较大的缩小空间①。除了收入这一直观的指标之外，城乡教育、

---

① 国际劳工组织（International Labor Organization）曾对 36 个国家 1985 年、1990 年和 1995 年的城乡居民收入之比进行了统计，其结果显示，绝大多数国家的城乡人均收入之比都小于 1.5，发达国家一般低于 1.3（张惠强，2020）。

医疗等基本公共服务和基础设施也存在显著差距。第七次全国人口普查结果显示，我国城镇化率为63.89%，与2010年相比，城镇化率提升了14.21个百分点。当前及今后一个时期，我国城镇化仍将稳步推进，随着农村人口不断流入城市，农村各类要素资源亟待盘活，实现城乡融合发展。

我国缩小城乡区域差距、实现共同富裕是一项系统工程，其所面临的问题具有长期性、艰巨性和复杂性，需要从多方面入手解决。党中央提出，要在高质量发展中促进共同富裕，一方面需要建立普惠包容的收入分配体系，构建初次分配、再分配、三次分配协调配套的基础性制度安排；另一方面需要深入推进要素市场化配置改革，特别是城乡区域间土地要素市场化配置。

城乡土地要素流动不顺畅，是缩小城乡差距、实现城乡融合发展的主要障碍。党的十八大以来，我国城乡土地制度改革不断向纵深推进，改革的目标和实践路径逐步清晰。面向新时代发展要求，需要不断深化城乡土地制度改革，通过土地分利流转增加农民财产性收入，缩小城乡差距，实现共同富裕。在经济发达地区，通过农村集体经营性建设用地入市、宅基地在更大范围内流转，提高土地资源配置效率。在巩固拓展脱贫攻坚基础较为薄弱地区，从局部探索开始，梯次建立全国性建设用地指标跨区域交易机制，为农村闲置土地退出提供合法渠道。

参考文献

一、相关政策文件

1.《中华人民共和国宪法》，中国政府网，1988 年 4 月 12 日

2.《中华人民共和国农村土地承包法》，中国政府网，2002 年 8 月 29 日

3.《物权法》，中国政府网，2007 年 10 月 1 日

4. 国务院：《关于开展农村承包土地的经营权和农民住房财产权抵押贷款试点的指导意见》，中国政府网，2015 年 8 月

5. 全国人大常委会：《农村土地承包法》，中国政府网，2019 年 1 月 1 日修订

6.《中华人民共和国土地管理法》，中国政府网，1998 年 8 月修订、2019 年 8 月修订

7.《中华人民共和国担保法》，中国政府网，1995 年 10 月 1 日

8. 国务院：《关于深化改革严格土地管理的决定》，中国政府网，2004 年 10 月 21 日

9. 国务院办公厅：《关于严格执行有关农村集体建设用地法律和政策的通知》，中国政府网，2007 年 12 月 30 日

10. 苏州市政府：《苏州市农村集体存量建设用地使用权流转管理暂行办法》，1996 年

11. 芜湖市：《芜湖市农民集体所有建设用地使用权流转管理办法》，1999 年

12.广东省政府：《关于试行农村集体建设用地使用权流转的通知》，广东省人民政府官网，2003年6月24日

13.广东省政府：《广东省集体建设用地使用流转权管理办法》，广东省人民政府官网，2005年5月17日

14.《中共中央关于全面深化改革若干重大问题的决定》，新华网，2013年11月12日

15.中共中央、国务院：《关于农村土地征收、集体经营性建设用地入市、宅基地改革试点工作的意见》，中国政府网，2014年12月

16.《国务院关于全国农村承包土地的经营权和农民住房财产权抵押贷款试点情况的总结报告——2018年12月23日在第十三届全国人民代表大会常务委员会第七次会议上》，新华网，2018年12月23日

17.《国务院关于农村土地征收、集体经营性建设用地入市、宅基地制度改革试点情况的总结报告——2018年12月23日在第十三届全国人民代表大会常务委员会第七次会议上》，新华网，2018年12月23日

18.全国人民代表大会常务委员会：《国家建设征用土地条例》，1982年5月4日

19.深圳市政府：《深圳经济特区土地管理暂行规定》，深圳市人民政府网，1987年10月

20.广东省第六届人民代表大会常务委员会：《深圳经济特区土地管理条例》，1987年12月29日

21.《中华人民共和国城市规划法》，中国政府网，2007年10月28日修订

22.国务院：《关于进一步深化城镇住房制度改革加快住房建设的通知》，中国政府网，1998年7月17日

23.国家土地管理局：《划拨土地使用权管理暂行办法》，中国

政府网，1992年3月8日

24.《中华人民共和国城市房地产管理法》，中国政府网，1995年1月1日

25.《中华人民共和国城市规划法》，中国政府网，1989年12月26日

26. 成都市委、成都市人民政府：《关于加强耕地保护进一步改革完善农村土地和房屋产权制度的意见》，成都市人民政府网，2008年1月1日

27.《中华人民共和国农民专业合作社法》，中国政府网，2006年10月31日

28. 国务院：《中华人民共和国城镇国有土地使用权出让和转让暂行条例》，中国政府网，1990年5月19日

29. 中国银行业监督管理委员会：《固定资产贷款管理暂行办法》，2009年7月23日

30. 中国银行业监督管理委员会：《项目融资业务指引》，2009年7月29日

31. 中国银行业监督管理委员会：《流动资金贷款管理暂行办法》，2010年2月20日

32. 中国银行业监督管理委员会：《个人贷款管理暂行办法》，2010年2月12日

33. 国土资源部：《关于促进农业稳定发展农民持续增收推动城乡统筹发展的若干意见》，中国政府网，2009年3月6日

34. 成都市国土资源局：《成都市农民集中建房整理项目管理办法》，成都人民政府官网，2011年8月18日

35. 成都市政府：《关于集体建设用地使用权初次流转收取公共基础设施和公用事业建设配套费及耕地保护金的通知（试行）》，成都市人民政府官网，2009年4月

36. 国务院：《国有土地上房屋征收与补偿条例》，中国政府网，

2011 年 1 月 21 日

37.国务院:《关于加强地方政府融资平台公司管理有关问题的通知》,中国政府网,2010 年 6 月 10 日

38.财政部、国家发展改革委、人民银行、银监会:《关于贯彻国务院关于加强地方政府融资平台公司管理有关问题的通知相关事项的通知》,2010 年 7 月 30 日

39.成都市政府:《成都市征地农转非人员社会保险办法》,成都市人民政府官网,2004 年 1 月 1 日

40.第八届全国人大委员会:《中华人民共和国预算法》,中国政府网,1994 年 3 月 22 日

41.《中华人民共和国预算法》,中国政府网,2014 年 4 月修订

42.国务院:《关于当前金融促进经济发展的若干意见》,中国政府网,2008 年 12 月 8 日

43.中国人民银行、中国银行业监督管理委员会:《关于进一步加强信贷结构调整促进国民经济平稳较快发展的指导意见》,中国人民银行官网,2009 年 3 月 18 日

44.国务院:《国务院关于加强地方政府融资平台公司管理有关问题的通知》,中国政府网,2010 年 7 月 30 日

45.国家审计署:《全国地方政府性债务审计结果》,国家审计署官网,2011 年 6 月 27 日

46.国务院:《汶川地震灾后恢复重建条例》,中国政府网,2008 年 6 月 8 日

47.成都市政府:《关于坚持统筹城乡发展加快灾后农村住房重建的意见》,成都市人民政府官网,2008 年 6 月 26 日

48.成都市统计局:《2011 年成都市国民经济和社会发展统计公报》,成都市统计局官网,2012 年 4 月 2 日

49.成都市人民政府:《成都市人民政府关于加快成都市投资体制改革的决定》,成都市人民政府官网,2001 年 4 月 11 日

50. 民政部、财政部、住房和城乡建设部：《关于做好汶川地震房屋倒损农户住房重建工作的指导意见》，中华人民共和国住房和城乡建设部官网，2008年6月12日

51. 中国人民银行、中国银行业监督管理委员会：《关于全力做好地震灾区金融服务工作的紧急通知》，中国人民银行官网，2008年5月19日

52. 财政部、国家税务总局：《关于认真落实抗震救灾及灾后重建税收政策问题的通知》，国家税务总局官网，2008年5月19日

53. 成都市人民政府：《关于促进房地产业恢复发展扶持居民安居置业的意见》，成都市人民政府官网，2008年6月15日

54. 成都市委、成都市政府：《关于加快灾后城乡住房重建工作的实施意见》，成都市人民政府官网，2008年8月7日

55.《中共中央关于推进农村改革发展若干重大问题的决定》，中国政府网，2008年10月12日

56. 成都市人民政府：《关于印发〈成都农村产权交易所组建方案〉和〈成都市引导和鼓励农村产权入场交易暂行办法〉的通知》，成都市人民政府官网，2009年12月29日

57. 成都市委、成都市人民政府：《关于深化农村工作"四大基础工程"的意见》，成都市人民政府官网，2010年2月21日

58. 成都市人民政府：《市国土局等部门关于完善土地交易制度促进农村土地综合整治和农房建设工作实施意见（试行）的通知》，成都市人民政府官网，2010年7月28日

59. 国务院：《关于严格规范城乡建设用地增减挂钩试点切实做好农村土地整治工作的通知》，中国政府网，2010年2月27日

60. 国家发改委：《国家发展改革委关于批准重庆市和成都市设立全国统筹城乡综合配套改革试验区的通知》，2007年6月10日

61. 成都市委、市政府：《关于进一步加强农村基层基础工作的意见》，成都市人民政府官网，2008年11月25日

62.成都市人民政府:《关于成都中际(集团)实业有限公司更名为成都市现代农业发展投资有限公司有关事项的通知》,成都市人民政府官网,2007年3月26日

63.成都市人民政府:《关于成立成都市小城镇投资有限公司的通知》,成都市人民政府官网,2007年3月26日

64.原国土资源部:《关于规范城镇建设用地增加与农村建设用地减少相挂钩试点工作的意见》,原国土资源部官网,2005年10月11日

65.原国土资源部:《城乡建设用地增减挂钩试点管理办法》,2008年6月27日

66.原国土资源部:《关于严格规范城乡建设用地增减挂钩试点工作的通知》,2011年12月26日

67.成都市委、成都市人民市政府:《关于实现生产要素在城乡之间自由流动的意见》,成都市人民政府官网,2010年

二、中文专著

1.[美] 曼瑟·奥尔森:《权力与繁荣》,苏长和、嵇飞译,上海世纪出版集团2005年版。

2.[美] 曼瑟·奥尔森:《国家的兴衰:经济增长、滞胀和社会僵化》,李增刚译,上海世纪出版集团2007年版。

3.[美] 约拉姆·巴泽尔:《产权的经济分析》,费方域、段毅才译,上海人民出版社2004年版。

4.[美] 约拉姆·巴泽尔:《国家理论——经济权利、法律权利和国家范围》,钱勇、曾咏梅译,上海财经大学出版社2006年版。

5.[美] 白苏珊:《乡村中国的权力与财富:制度变迁的政治经济学》,郎友兴、方小平译,浙江人民出版社2009年版。

6.北京大学国家发展研究综合课题组:《还权赋能——奠定长期发展的可靠基础:成都市统筹城乡综合改革实践的调查研究》,

北京大学出版社 2010 年版。

7. 蔡昉、程显煜主编:《城乡一体化——成都统筹城乡综合配套改革研究》,四川人民出版社 2008 年版。

8. 陈锡文:《中国农村改革:回顾与展望》,天津人民出版社 1993 年版。

9. 陈小君等:《农村土地问题立法研究》,经济科学出版社 2012 年版。

10. 成都市国土资源局:《成都市土地管理制度改革创新工作情况》,载于《中国改革试验·成都卷》(彭森等主编),国家行政学院出版社 2013 年版。

11. 杜润生:《杜润生自述:中国农村体制变革重大决策纪实》,人民出版社 2005 年版。

12. 郭晓鸣等:《统筹城乡发展与农村土地流转制度变革——基于成都"试验区"的实证研究》,科学出版社 2012 年版。

13. 贺雪峰:《地权的逻辑——中国农村土地制度向何处去》,中国政法大学出版社 2010 年版。

14. 贺雪峰:《地权的逻辑 II——地权变革的真相与谬误》,东方出版社 2013 年版。

15. 洪德:《产权的秘密》,成都时代出版社 2009 年版。

16. 黄季焜等:《制度变迁和可持续发展——30 年中国农业与农村》,上海人民出版社 2008 年版。

17. 黄小虎:《土地与社会主义市场经济》,中国财政经济出版社 2008 年版。

18. 蒋省三、刘守英、李青:《中国土地制度改革:政策演进与地方实施》,上海人民出版社 2010 年版。

19. [美] 罗纳德·科斯、王宁:《变革中国:市场经济的中国之路》,徐尧、李哲民译,中信出版社 2013 年版。

20. [美] 加里·利贝卡普:《产权的缔约分析》,陈宇东等译,中国社会科学出版社 2001 年版。

21. 林毅夫、蔡昉、李周:《中国的奇迹:发展战略与经济改革》,上海三联书店、上海人民出版社 2012 年版。

22. 刘世定:《公共选择过程中的公平:逻辑与运作》,载于《占有、认知与人际关系——对中国乡村制度变迁的经济社会学分析》(刘世定著),华夏出版社 2003 年版。

23. 刘守英:《集体土地资本化与农村城市化——郑各庄高速成长的秘密》,载于《中国制度变迁的案例研究(土地卷)》(张曙光编),中国财政经济出版社 2011 年版。

24. 刘守英、周飞舟、邵挺:《土地制度改革与转变发展方式》,中国发展出版社 2012 年版。

25. 刘守英:《土地制度与中国发展》,中国人民大学出版社 2018 年版。

26. 刘宪法:《"南海模式"的形成、演变与结局》,载于《中国制度变迁的案例研究(土地卷)》(张曙光编),中国财政经济出版社 2011 年版。

27. 马骏:《治国与理财:公共预算与国家建设》,生活·读书·新知三联书店 2011 年版。

28.[英] 艾伦·麦克法兰:《现代世界的诞生》,世纪出版集团、上海人民出版社 2013 年版。

29.[美] 道格拉斯·诺斯、罗伯斯·托马斯:《西方世界的兴起》,厉以平、蔡磊译,华夏出版社 2009 年版。

30.[美] 道格拉斯·诺思:《经济史中的结构与变迁》,陈郁、罗华平译,上海人民出版社 1994 年版。

31.[美] 道格拉斯·诺斯:《制度、制度变迁与经济绩效》,杭行译,上海人民出版社 2008 年版。

32. 世界银行:《2009 年世界发展报告——重塑世界经济地理》,清华大学出版社 2009 年版。

33.[秘鲁] 赫尔南多·索托:《资本的秘密》,王晓冬译,江苏人民出版社 2001 年版。

34. 文贯中:《吾民无地——城市化、土地制度与户籍制度的内在逻辑》,东方出版社 2014 年版。

35. Wong, Christine:《为中国的城市化买单:21 世纪城市融资的挑战》,载于《发展中国家大都市政府融资》(Roy W. Bahl 等编著,陶然等译),科学出版社 2013 年版。

36. 许崇德:《中华人民共和国宪法史》(下卷),福建人民出版社 2005 年版。

37. 姚洋:《土地、制度和农业发展》,北京大学出版社 2004 年版。

38. 叶剑平、张有会:《一样的土地、不一样的生活——从天津市东丽区土地综合整治的实践看中国城镇化》,中国人民大学出版社 2010 年版。

39. 张曙光:《博弈:地权的细分、实施和保护》,社会科学文献出版社 2011 年版。

40. 张五常:《中国的经济制度》,中信出版社 2009 年版。

41. 周飞舟:《以利为利——财政关系与地方政府行为》,上海三联书店 2012 年版。

42. 周黎安:《转型中的地方政府:官员激励与治理》,上海人民出版社、格致出版社 2008 年版。

43. 周其仁:《产权与制度变迁——中国改革的经验研究》(增订本),北京大学出版社 2004 年版。

44. 周其仁:《城乡中国》,中信出版社 2017 年版。

三、学术论文

1. 北京大学国家发展研究综合课题组、李力行:《合法转让权是农民财产性收入的基础——成都市农村集体土地流转的调查研究》,《国际经济评论》2012 年第 2 期。

2. 曹正汉:《产权的社会建构逻辑——从博弈论的观点评中国社会学家的产权研究》,《社会学研究》2008 年第 1 期。

3. 陈晨、陆铭、周国良等:《关注城镇化进程中的弱势群体——对被征地农民经济补偿、社会保障和就业情况的考察》,《经济体制改革》2004 年第 1 期。

4. 陈家泽:《还权赋能是农村产权改革的核心》,《中国改革》2009 年第 3 期。

5. 陈锡文:《当前我国的农业、农村和农民问题》,《学习与研究》2006 年第 1 期。

6. 陈映芳:《征地农民的市民化——上海市的调查》,《华东师范大学学报（哲学社会科学版）》2004 年第 3 期。

7. 党国英:《农民上楼,利大于弊》,《农村工作通讯》2013 年第 17 期。

8. 韩博天:《中国经济腾飞中的分级制政策试验》,《开放时代》2008 年第 5 期。

9. 韩博天:《通过试验制定政策:中国独具特色的经验》,《当代中国史研究》2010 年第 3 期。

10. 黄小虎:《征地制度改革时机成熟》,《中国改革》2013 年第 10 期。

11. 黄征学、吴九兴:《集体经营性建设用地入市:成效与影响》,《团结》2019 年第 1 期。

12. 韩启民:《城乡统筹下的农村土地流转研究》,北京大学社会学系 2012 年硕士学位论文。

13. 韩思怡:《农村集体土地流转与收入分配——四川省都江堰市灾后联建政策的经济分析》,北京大学国家发展研究院中国经济研究中心 2011 年硕士学位论文。

14. 黄跃:《交易费用、资源潜在价值与产权界定——成都市温江区农村土地流转的经验研究》，北京大学国家发展研究院中国经济研究中心 2010 年硕士学位论文。

15. 霍侃：《地方融资谋变》，《新世纪》2013 年第 35 期。

16. 纪擎：《论划拨土地使用权的性质——从划拨土地使用权相关立法中存在的几个矛盾谈起》，《中国土地》2005 年第 9 期。

17. 蒋省三、刘守英：《土地资本化与农村工业化——广东省佛山市南海经济发展调查》，《管理世界》2003 年第 11 期。

18. 李成雯：《土地确权中的技术介入》，北京大学社会学系硕士 2012 年学位论文。

19. 厉以宁：《论城乡二元体制改革》，《北京大学学报（哲学社会科学版）》2008 年第 2 期。

20. 刘菲：《乡村中的议事会决策与书记决策：公共决策制度的条件分析》，北京大学社会学系 2013 年硕士学位论文。

21. 刘佳、吴建南、马亮：《地方政府官员晋升与土地财政——基于中国地市级面板数据的实证分析》，《公共管理学报》2012 年第 9 期。

22. 刘守英：《集体土地资本化与农村城市化——北京市郑各庄村调查》，《北京大学学报（哲学社会科学版）》2008 年第 6 期。

23. 刘守英：《以地谋发展模式的风险与改革》，《国际经济评论》2012 年第 2 期。

24. 刘守英、邵挺：《告别"以地谋发展"》，《中国改革》2013 年第 6 期。

25. 刘守英、颜嘉楠：《体制秩序与地权结构——百年土地制度变迁的政治经济学解释》，《中国土地科学》2021 年第 8 期。

26. 吕来明：《从归属到利用——兼论所有权理论结构的更新》，《法学研究》1991 年第 6 期。

27. 马壮昌：《培育城市土地市场的关键和突破口》，《中国社会科学》1994 年第 5 期。

28. 钱忠好、曲福田：《中国土地征用制度：反思与改革》，《中国土地科学》2004 年第 5 期。

29. 钱忠好、牟燕：《土地市场化是否必然导致城乡居民收入差距扩大——基于中国 23 个省（自治区、直辖市）面板数据的检验》，《管理世界》2013 年第 2 期。

30. 乔志敏：《划拨土地使用权市场化问题的探讨》，《经济研究》1995 年第 3 期。

31. 秦长运：《产权的行政界定：基于成都市农村土地"确权"的经验研究》，北京大学社会学系 2013 年硕士学位论文。

32. 申静、王汉生：《集体产权在中国乡村生活中的实践逻辑——社会学视角下的产权建构过程》，《社会学研究》2005 年第 1 期。

33. 沈俊：《优化土地使用制度的改革探索——以嘉兴市"两分两换"试点工作为例》，《浙江国土资源》2009 年第 8 期。

34. 史贤英：《划拨土地使用权进入市场的形式、难点及思考》，《中国土地科学》1994 年第 1 期。

35. 孙秀林、周飞舟：《土地财政与分税制：一个实证解释》，《中国社会科学》2013 年第 4 期。

36. 谭明智：《反哺的转向———一项关于农村土地增减挂钩政策的研究》，北京大学社会学系硕士 2013 年学位论文。

37. 陶然、陆曦、苏福兵等：《地区竞争格局演变下的中国转轨：财政激励和发展模式反思》，《经济研究》2009 年第 7 期。

38. 陶然、汪晖：《中国尚未完成之转型中的土地制度改革：挑战与出路》，《国际经济评论》2010 年第 2 期。

39. 王维洛：《1982 年的一场无声无息的土地"革命"——中国的私有土地是如何国有化的?》，《当代中国研究》2007 年第 4 期。

40. 王雪青：《多地推进农村集体建设用地流转试点》，《上海证券报》2012 年 12 月 12 日。

41. 王彧、郭锦辉、张海生：《"两分两换"：嘉兴探索优化土地资源》，《中国经济时报》2009 年 10 月 15 日。

42. 王元京、高振华、何寅子：《地方政府融资面临的挑战与模式再造——以城市建设为例》，《经济理论与经济管理》2010 年第 4 期。

43. 文贯中：《市场畸形发育、社会冲突与现行的土地制度》，《经济社会体制比较》2008 年第 2 期。

44. 文贯中：《结构性失衡、内需不振、过时的土地制度和走出困局之路》，《南开经济研究》2010 年第 2 期。

45. 文贯中：《"第三只手"是臆想还是真实存在？——与黄宗智先生商榷》，《开放时代》2012 年第 8 期。

46. 文贯中、熊金武：《化地不化人的城市化符合中国国情吗？——人口密集型的"老浦西"和土地资本密集型的"新浦东"的历史比较》，《城市规划》2012 年第 4 期。

47. 文贯中：《"内生型"城市化才能收敛城乡收入差》，《上海经济评论》2013 年第 39 期。

48. 忻尚伦：《嘉兴"土改"5 年：农户数增 2 万》，《东方早报》2013 年 3 月 12 日。

49. 邢亦青：《成都市征地制度改革实践》，《中国土地制度改革研讨会演讲实录》（北京大学国家发展研究院主办），2011 年。

50. 徐聪颖：《"农民上楼"过程中的家庭财产关系研究》，北京大学社会学系 2011 年硕士学位论文。

51. 杨沛川、黄猛、宋海鸥：《论我国划拨土地使用权制度的弊端及其完善》，《重庆大学学报（社会科学版）》2004 年第 6 期。

52. 姚树荣、龙婷玉：《市场化土地整治助推了乡村振兴吗——基于成都 1187 户上楼农民的调查》，《中国土地科学》2020 年第 1 期。

53. 姚洋：《中国农地制度：一个分析框架》，《中国社会科学》2000 年第 2 期。

54. 张惠强：《征地制度下的发展权安排》，《上海经济评论》2013 年第 40 期。

55. 张惠强：《集体建设用地试点改革小结》，《上海经济评论》2013 年第 43 期。

56. 张惠强：《"地方债"形成与扩张的双重动力机制》，《社会发展研究》2016 年第 3 期。

57. 张惠强：《城乡差距新趋势：表现分析与对策研究》，《中国改革》2020 年第 6 期。

58. 张惠强：《农村集体经营性建设用地入市意见需尽快出台》，《宏观经济管理》2020 年第 9 期。

59. 张静：《土地使用规则的不确定：一个法律社会学的解释框架》，《中国社会科学》2003 年第 1 期。

60. 张莉、王贤彬、徐现祥：《财政激励、晋升激励与地方官员的土地出让行为》，《中国工业经济》2011 年第 4 期。

61. 张敏：《集体建设用地的市场交易权是如何诞生的？——以重庆"地票"交易制度为例》，北京大学国家发展研究院中国经济研究中心 2010 年硕士学位论文。

62. 张千帆：《城市化不需要征地——清除城乡土地二元结构的宪法误区》，《法学》2012 年第 6 期。

63. 张晏、龚六堂：《分税制改革、财政分权与中国经济增长》，《经济学（季刊）》2005 年第 1 期。

64. 赵玉金：《成都市青白江区农村改革的政策逻辑和意外后果》，北京大学社会学系 2011 年硕士学位论文。

65. 折晓叶、陈婴婴：《产权怎样界定——一份集体产权私化的社会文本》，《社会学研究》2005 年第 4 期。

66. 中华人民共和国审计署：《中华人民共和国审计署审计结果公告：全国地方政府性债务审计结果（第 35 号）》，2011 年。

67. 周飞舟：《分税制十年：制度及其影响》，《中国社会科学》

2006 年第 6 期。

68. 周飞舟：《生财有道：土地开发和转让中的政府和农民》，《社会学研究》2007 年第 1 期。

69. 周飞舟：《大兴土木：土地财政与地方政府行为》，《经济社会体制比较》2010 年第 3 期。

70. 周黎安：《晋升博弈中政府官员的激励与合作——兼论我国地方保护主义和重复建设问题长期存在的原因》，《经济研究》2004 年第 6 期。

71. 周黎安、李宏彬、陈烨：《相对绩效考核：中国地方官员晋升机制的一项经验研究》，《经济学报》2005 年第 1 卷第 1 辑。

72. 周黎安：《中国地方官员的晋升锦标赛研究》，《经济研究》2007 年第 7 期。

73. 周其仁：《给农民更多的土地权利，真会损害农民的利益吗？——致"成都模式的批判者"》，《经济观察报》2011 年 7 月 22 日。

74. 周其仁：《成都改革的新进展》，《经济观察报》2012 年 6 月 21 日。

75. 周业安：《中国制度变迁的演进论解释》，《经济研究》2000 年第 5 期。

四、英文论著

1. Allen, Michael P., and John L. Campbell, 1994, "State Revenue Extraction from Different Income Groups: Variations in Tax Progressivity inthe United States, 1916 to 1986", *American Sociological Review*, 59 (2): 169–186.

2. Alt, James E., 1983, "The Evolution of Tax Structures", *Public Choice*, 41 (1): 181–222.

3. Ames, Edward and Richard T. Rapp, 1977, "The Birth and Death

of Taxes: A Hypothesis", *The Journal of Economic History*, 37 (1): 161–178.

4.Barzel, Yoram, 1974, "A Theory of Rationing by Waiting", *Journal of Law and Economics*, 17 (1): 73–95.

5.Barzel, Yoram, 1992, "Confiscation by the Ruler: The Rise and Fall of Jewish Lending in the Middle Ages", *Journal of Law and Economics*, 35: 1–13.

6.Barzel, Yoram, 2000, "Property Rights and the Evolution of the State", *Economics of Governance,* 1: 25–51.

7.Blanchard, Olivier and Andrei Shleifer, 2001, "Federalism with and without Political Centralization: China Versus Russia", *IMF Staff Papers*, 48: 171–179.

8.Block, Fred, 1981, "The Fiscal Crisis of the Capitalist State", *Annual Review of Sociology*, 7: 1–27.

9.Bo Zhiyue, 2002, *Chinese Provincial Leaders: Economic Performance and Political Mobility, since1949*, New York: M.E. Sharpe.

10.Byrd, William A., 1990, "Entrepreneurship, Capital, and Ownership". in *China's Rural Industry: Structure, Development, and Reform*, edited by William A. Byrd and Lin Qingsong, New York: Oxford University Press.

11.Byrd, William A. and Alan Gelb, 1990, "Why Industrialize? The Incentives for Rural Community Governments". in *China's Rural Industry: Structure, Development, and Reform*, edited by William A. Byrd and Lin Qingsong. New York: Oxford University Press.

12.Campbell, John L. and Leon N. Lindberg, 1990, "Property Rights and the Organization of Economic Activity by the State", *American Sociological Review*, 55 (5): 634–647.

13.Campbell, John L., 1993, "The State and Fiscal Sociology",

Annual Review of Sociology, 19: 163–185.

14.Cheibub José A., 1998, "Political Regimes and the Extractive Capacity of Governments: Taxation in Democracies and Dictatorships", *World Politics*, 50（3）: 349–376.

15.Cheung, Steven N. S., 1970, "The Structure of a Contract and the Theory of a Non–Exclusive Resource", *Journal of Law and Economics*, 13（1）: 49–70.

16.Cheung, Steven N. S., 1974, "A Theory of Price Control", *Journal of Law and Economics,* 17（1）: 53–71.

17.Demsetz, Harold, 1967, "Toward a Theory of Property Rights", *The American Economic Review*, 57（2）: 347–359.

18.Demsetz, Harold, 2002, "Toward a Theory of Property Rights: a Competition between Private and Collective Ownership", *JournalofLegalStudies*, 31（2）: 653–672.

19.Dewatripont, Mathias and Gérard Roland, 1995, "The Design of Reform Packages under Uncertainty", *The American Economic Review*, 85（5）: 1207–1223.

20.Dong, Xiaoyuan, 1996, "Two–tier Land Tenure System and Sustained Economic Growth in Post1978 Rural China", *World Development* , 24（5）: 915–928.

21.Gordon, Scott, 1954, "The Economic Theory of a Common–Property Resource: the Fishery", *The Journal of Political Economy,* 62（2）: 124–142.

22.Gould, Andrew C. and Peter J. Baker, 2002, "Democracy and Taxation", *Annual Review of Political Science*5: 87–110.

23.Hardin, Garrett, 1968, "The Tragedy of the Commons", *Science New Series*, 162（3859）: 1243–1248.

24.Heilmann, Sebastian, 2008, "From Local Experiments to

National Policy", *The China Journal*, 59: 1–30.

25.Huang, Yasheng, 2002, "Managing Chinese Bureaucrats: An Institutional Economics Perspective", *Political Studies*, 50: 61–79.

26.Jin, Hehui, Qian Yingyi, and Barry R. Weingast, 2005, "Regional decentralization and fiscal incentives: Federalism, Chinese style", *Journal of Public Economics,* 89: 1719–1742.

27.Kiser, Edgar and Yoram Barzel, 1991, "The Origins of Democracy in England", *Rationality and Society*, 3: 396–422.

28.Knight, Frank. H., 1924, "Some Fallacies in the Interpretation of Social Cost", *The Quarterly Journal of Economics*, 38（4）: 582–606.

29.Kung, James J., 1994, "Egalitarianism, Subsistence Provision and Work Incentives in China' s Agricultural Collectives", *World Development*, 22（2）: 175–188.

30.Li, Hongbin andZhou Li–An, 2005, "Political turnover and economic performance: theincentive role of personnel control in China", *Journal of Public Economics*, 89: 1743–1762.

31.Lin, Justin Yifu and Liu Zhiqiang, 2000, "Fiscal Decentralization and Economic Growth in China", *Economic Development and Cultural Change*, 49（1）: 1–21.

32.Maskin, Eric, Qian Yingyi, and Xu Chenggang, 2000, "Incentives, Information, and Organizational Form", *The Review of Economic Studies*, 67（2）: 359–378.

33.Montinola Gabriella, Qian Yingyi, and Barry R. Weingast, 1995, "Federalism, Chinese Style: The Political Basis for Economic Success in China", *World Politics*, 48（1）: 50–81.

34.Moore, Mick, 2004, "Revenues, State Formation, and the Quality of Governance in Developing Countries", *International Political Science Review*, 25（3）: 297–319.

35.Mukand, Sharun W. and Dani Rodrik, 2005, "In Search of the Holy Grail: Policy Convergence, Experimentation, and Economic Performance", *The American Economic Review*, 95 (1): 374–383.

36.Oi, Jean C., 1992, "Fiscal Reform and the Economic Foundations of Local State Corporatism in China", *World Politics*, 45 (1): 99–126.

37.Oi, Jean C., 1995, "The Role of the Local State in China's Transitional Economy", *The China Quarterly*, 144: 1132–1149.

38.Oi, Jean C., 1999, *Rural China Takes Off: Institutional Foundations of Economic Reform*, Berkeley: University of California Press.

39.Qian, Yingyi and Barry R. Weingast, 1997, "Federalism as a Commitment to Perserving Market Incentives", *The Journal of Economic Perspectives*, 11 (4): 83–92.

40.Qian, Yingyi and Gérard Roland, 1998, "Federalism and the Soft Budget Constraint", *The American Economic Review*, 88 (5): 1143–1162.

41.Rawski, Thomas, 1995, "Implications of China's Reform Experience", *The China Quarterly*, 144: 1150–1173.

42.Roland, Gérard, 2000, *Transition and Economics: Politics, Markets and Firms*, Cambridge: MIT Press.

43.Schumpeter, Joseph, 1991, "The Crisis of the Tax State", in *Joseph A. Schumpeter: The Economics and Sociology of Capitalism*, ed. Richard Swedberg, Princeton: Princeton University Press.

44.Tarschys, Daniel, 1988, "Tributes, Tariffs, Taxes and Trade: The Changing Sources of Government Revenue", *British Journal of Political Science*, 18 (1): 1–20.

45.Umbeck, John, 1981, "Might Makes Rights: A Theory of the

Formationand Initial Distributionof Property Rights", *Economic Inquiry*, 19（1）: 38–59.

46.Weingast, Barry, 1995, "The Economic Role of Political Institutions: Market–Preserving Federalism and Economic Development", *Journal of Law, Economics, and Organization*, 11（1）: 1–31.

47.Wong, Christine, 1987, "Between Plan and Market: The Role of the Local Sector in Post–Mao China", *Journal of Comparative Economics*, 11: 385–98.

48.Wong, Christine, 1988, "Interpreting Rural Industrial Growth in the Post–Mao Period", *Modern China*, 14: 3–30.

49.Wong, Christine, 1992, "Fiscal Reform and Local Industrialization: The Problematic Sequencing of Reform in Post–Mao China", *Modern China*, 18: 197–227.

50.Zhang, Xiaobo, 2006, "Fiscal Decentralization and Political Centralization inChina: Implications for Growth and Inequality", *Journal of Comparative Economics*, 34: 713–726.

后　记

摆在读者面前的这本书，脱胎于笔者的博士论文，是在成都开展田野调查所形成的成果。从 2011 年夏季赴成都西郊荷村 ① 开始，至今已经过去了十年。

这十年间，本书所研究的成都市从一个内陆地区大省的省会跃升为国家中心城市 ②；经济总量位列全国城市第 7 位，常住人口（全域）位列全国第 4 位。在"大国大城"的发展背景下③，人口向中心城市集聚的趋势还将持续较长一段时间，成都"大城大乡"并举的特征及其实践经验在中国下一步的城乡发展格局中具有重要的研究价值。

这十年间，本书所聚焦的城乡土地制度也发生了不少变化。2013 年召开的党的十八届三中全会对全面深化改革作出了系统部署，其中两处提及土地制度改革，即"加快完善现代市场体系"这一章提出"建立城乡统一的

---

① 　按照学术规范要求，这里的地名经匿名化处理。

② 　2016 年 4 月，国家发展改革委、住房城乡建设部印发《成渝城市群发展规划》，以建设国家中心城市为目标，增强成都西部地区重要的经济中心、科技中心、文创中心、对外交往中心和综合交通枢纽功能。

③ 　陆铭：《大国大城——当代中国的统一、发展与平衡》，上海人民出版社 2016 年版。

建设用地市场"，以及"健全城乡发展一体化体制机制"这一章提出"赋予农民更多财产权利"，方向都是在做好农民利益保障的前提下推动农村土地有序高效流转。

成都（和重庆）于2007年开展的统筹城乡综合配套改革试验探索，所形成的一系列经验于今日看来不仅不过时，而且持续为包括共富裕、生态环境保护、城镇化空间格局优化、城乡融合发展等提供解决方案。从这个角度上看，回顾十年前的选题、研究作品的"生产"过程以及师友的提携帮助，有助于更加清楚地认识当下城乡局势；对于笔者所从事的城乡发展政策研究来讲[1]，有助于看到改革举措的约束与可选项，从而做出更科学的判断。正是由于上述考虑，笔者决定出版本书，也借此机会回顾过去这些年的研究历程。

初入田野

2011年初，在我博士刚入学不久，导师刘世定教授主持了一个课题，题目是"国家体制与产权的社会界定"。课题的理论导向很鲜明，但刘老师很注重调查研究，我们一边研读文献，一边在全国找一些点调研。那时候成都统

---

[1]　2014年7月，笔者博士毕业后入职中国城市和小城镇改革发展中心，主要做城乡发展的政策研究。

筹城乡综合配套改革试验区已经开展了3年多，有了很大的进展，各大媒体的报道也多起来。当年8月7—16日，我第一次进田野，在成都西郊的荷村调研，看土地确权和流转、村民议事会运作、村级公共服务和社会管理专项资金使用等内容；调研即将结束，我们到柳城区与市、区相关部门座谈，了解改革的背景、各级政府的考虑和政策举措的出台实施。

当时的调研分成两个组，刘老师两头跑，白天调研，晚上就在宾馆跟大家一起复盘。他总是能很敏锐地从我们的描述中提出有研究潜力的点来，直到现在，这些讨论的场景还经常浮现在我脑海。对于一些看起来特殊甚至"奇怪"的现象，刘老师建议不要迷恋并深陷于描述个案，特别要关注现象背后的制度结构。一旦深入这个领域，研究的延展性就体现出来了。

记得那次调研之后，连着三个假期，刘老师都带着我们回访当时的调研点，这种多次进入田野的做法，对于立体地、动态地把握研究问题是很有必要的。当年一起调研的同门还有艾云、冯猛、刘万顺、谢琳璐、秦长运、翟宇航、宋岳等。他们大多选了成都城乡改革为题写论文，这样，我们就有更多的讨论交集，师门读书会也多次以此为主题开展讨论。

2021年春节期间，刘老师送我一首《南乡子·寄张惠强》：

　　何解世中忧？读破千书半得谋。农舍坊间常见事，深究。大道原来朗若秋！

　　晋水析工酬，荷野详查地转流。似怪几多非怪处，"城投"。开卷足行更上楼。

　　这里头写到的"荷野详查地转流"是调查过程，"似怪几多非怪处"则是提问的开始。这既是刘老师十年前指导我做田野调查的"事件"概括，也是刘老师多年来坚持"理论建模"的一个生动注脚。虽然我从 2007 年开始跟随刘老师学习经济社会学，但至今为止，刘老师这种在经验案例与理论命题之间来回穿梭、游刃有余的思考方式，我只能心向往之，自己还没办法上手。

寻找问题

　　第一次田野调研结束后，我跟几位同门一起整理调研资料。同时，我也在旁听北大国家发展研究院周其仁教授的经济学双学位课程。记得 2011 年 11 月的一堂课上，周老师讲起成都西郊一个村庄，村集体成立合作社自主流转建设用地，银行还给贷款，是成都改革的重大进展，准备找时间去深入调研。这个村庄就是荷村！我当时脑海里冒出来的疑问是，这个村庄有什么特别的地方吗？两位老师不约而同关注同一个地方，就如两位经验丰富、眼光独

到的猎人盯上了同一猎物，里头一定有什么值得深究的
议题。

2011年底，同门师兄张翔来京出差，与往常一样，
只要碰到刘老师的读书会或者周老师的课，我们都会约着
一起去。那次在周老师的课上，我就悄悄跟师兄说起了周
老师和刘老师关注同一个村庄的事儿。下课时，师兄问我
有没有兴趣一起去"蹭饭"。后来我才知道，周老师会请
给他提问或者课程作业完成得好的学生参加"午餐会"（地
点一般在康博思对面的师生缘），一边吃饭一边答疑。当
然，没有提问或者没写作业的同学也可以"蹭饭"。光吃
饭我当然不好意思，我也准备了问题问周老师，可惜那天
终究胆怯，没有问出口。之后张翔师兄给周老师发短信介
绍了我此前去过荷村，可否一起参加后续的调研，周老师
的回信是："张惠强参加，欢迎！"

2012年元旦刚过，周老师带队，薛兆丰老师、张翔
师兄、王子师兄和我一起到了村里。前后花了3天半的时
间，我们访谈了村书记、参与建设用地流转的2个村民小
组成员、流转土地的受让方、乡村法律服务人员、乡镇政
府负责人、市县分管领导和部门负责人、银行信贷人员
等，查阅了村里关于建设用地流转所有档案资料。每天晚
上回到宾馆复盘当日调研所得，安排次日调研重点。

记得头一天晚上复盘结束已经12点了，按照分工要
求，我回房间整理了调研纪要，结束后已将近凌晨2点。

早上 8 点起床时，我发现周老师已经用"修订"模式改完我做的纪要，并且吃完饭散步回宾馆。周老师的思路快如闪电，调研提问行云如水，这个我哪怕是拼尽全力追赶，也只能远远望着老师的背影；他亲自动手整理资料、修改纪要，这习惯是可以学习的，让我受益终身。

这次调研过程中，我一直在想着周老师说的村民自主流转建设用地是什么意思，为什么这个事情如此重要。当我开口问周老师的时候，他说先要把事实搞清楚，要关注约束条件的变化。后来在周老师《城乡中国》专栏里，我读到了他更为清晰到位的发问："多数地方政府正热火朝天地把放在自己手里的权用得个花样翻新、欲罢不能，成都市怎么就非要提出什么还权赋能？在经济上，'还权'越多，留给政府自己的越少，他们岂不是自废武功？在文化上，成都地方弥漫着安逸之风，为什么要标新立异，敢为天下之先？"①

深化问题

回到上面问题的原点，村民自主流转建设用地之所以"奇怪"，是因为这类活儿以前几乎都由地方政府平台公司（简称"城投公司"或"平台公司"）包办。这也不

---

① 周其仁：《城乡中国》，中信出版社 2017 年版，第 194—195 页。

难理解，以建设用地流转为核心的土地综合整理，涉及的程序纷繁复杂，需要有关部门审批的内容非常多，单靠村里成立一个合作社，想要把程序全都跑下来几乎难于登天。直觉上看，建设用地流转有差价，平台公司因此有激励做这个事。

现在看到的现象是平台公司"放弃"了肥肉，我猜测的原因是自己上手做"太贵"了。这一点在后来对银行的访谈中得到了验证，原因就是国家层面在"四万亿"刺激计划出台后不久发现经济存在过热趋势，从而收紧了信贷并加强对平台公司的监管。平台公司在严格调控下拿不到钱，银行对土地综合整理的信贷计划已经做了，这时候以合作社为组织载体，在做好增信措施、加强资金监管的前提下贷款融资并实施项目，就是一种创新。

借用欧文·费雪《利息理论》开篇的惊世断语——"收入是一连串事件"（income is a series of events），改革也是一连串事件。很多时候，选择不动，那么看起来问题只有一个；一旦启动，问题就会一个接着一个提出来。比较成本优势的视角引导我从不同主体（平台公司和合作社）的成本收益入手，理解其行为选择。

但这只是第一步，接下来的问题是，村集体作为载体，如何组织村民？我一开始从收集到的文本和访谈纪要入手，梳理出几个影响因素。但仍然绕不开的是，村民为何有动力参与这个活动？如果是有关部门与平台公司在推进这个事情，多多少少带有一些强制力，而集体经济组织与外来的社会资本合作，组织过程就更需要深究了。

再进一步的问题，我一猛子扎进去的荷村，在多大程度上具有代表性？这个问题的挑战在于，当读者看到我所描述的案例时，感觉是细节丰富但条件严格，但如果仅仅只是孤例，我该如何解释？受人类学案例"深描"要求影响，不少社会学质性研究回避了代表性问题。我在研究一开始就不准备往这方面走，而是选择另一条路，在控制若干条件的情况下，寻找同类案例。幸运的是，后来随着调研的深入开展，我还找到了另外两个建设用地（指标）自主流转的案例。这样，我的研究就有了更进一步提炼命题的可能性了。

湖畔算账

在我众多的师门兄弟姐妹中，对我影响最大的是张翔。

2008 年，我还在北大深圳研究生院念书期间，张翔师兄要去香港开会，途经深圳。那天晚上，刘老师组织师门在大学城周边的平山村吃砂锅粥，那是我第一次见张翔师兄。他问每个人在读什么书，我那时候正好读的是科思的经典论文《企业的性质》。师兄的大眼睛越过镜框上沿逼视着我，"这篇文章给你什么启发？"这把我吓住了。我忘了当时回答了什么，只记得他建议我可以结合张五常《企业的合约性质》对照着读。此后十余年年，师兄这个表情时常出现在我与他讨论问题的场景中，这让我全身的力量都被调动起来，集中到我们所交流的问题上来。饭后散步时，师兄得知我老家也有民间合会，这与他所做的研究相关①，他把我叫到房间，畅聊他的博士论文，直至下半夜。临走前，师兄从拉杆箱里掏出一个光盘送给我，里头是周其仁老师《新制度经济学导论》的课程资料。自那时开始，我们常有来往，直至现在。

本书所开展的研究有一个关键的环节，是各利益相关方的收益分配，这个环节的思路及测算过程，得益于与张翔师兄的多次讨论。张翔师兄参与了 2012 年初的调研，所以对我所研究的村庄各个细节都比较清楚。调研结束后需要写报告，师兄就建议我要把账算清楚，便于后期展开分析。可是我当时选择的是先整理调研录音，以及一大箱子文字资料，并没有优先处理数据。后来的事实证明，我走了一条相当长的弯路，并为此付出巨大的代价。

2013 年暑期，我跟着薛兆丰老师到阿里巴巴调研小

---

① 张翔师兄的博士论文以《民间金融合约的信息机制——来自改革后温台地区民间金融市场的证据》为题出版。

额信贷，之后去上海大学参加刘老师组织的"经济与社会研究"学术年会。在去上海之前的那天中午，张翔师兄请我在西溪湿地边上一个小馆子吃饭。师兄不依不饶地盘问我算账的情况，我心里更加没底了。我就问起算账的目的是什么，师兄认为，这是整个研究最关键的环节，也是回应各方争议的有力证据。

当天晚上回到宾馆，我拿出电脑就开始整理数据，一点点核算农户、合作社（村集体）、乡镇政府、银行、社会资本方以及市政府等各利益相关方在项目中的成本和收益。等把账目搞清楚了，天也亮了，我约师兄一起坐去上海的火车，路上又跟他重新算了一遍，这次过关了。

还权赋能

算账搞清楚了，对我来讲解决了研究中最大的问题，但事儿还没完。数目字从来都不是简单的会计表现，跟着的是一套收益分配、制度安排。

如果说要用一个短语来概括成都（和重庆）统筹城乡综合配套改革的特征及其价值，"还权赋能"这四个字最合适不过了。这是北京大学国家发展研究院课题组（也就是"土地组"）2010年出版的研究成果的题目——《还权赋能——奠定长期发展的可靠基础：成都市统筹城乡综合改革实践的调查研究》，最初源自于时任成都市房管局局长周鸿德①。对于这场改革，学术界、政策界和社会各方的认识不完全一致。算账结果以及田野观察发现，正好可以用来回应各方关切。

第一个问题，是关于成都城乡改革中的农民选择权或意愿表达。在成都开展统筹城乡改革的同时，国土部门主导了一项颇具争议的改革措施，即"城乡建设用地增减挂钩"（简称"增减挂钩"）。这项旨在平衡城市扩张与耕地保护之间的矛盾的政策，在不少地方的实践中，演变成为脱离实际而逼迫"农民上楼"。成都的改革实践，也是利用"增减挂钩"这套打法，这与强迫"农民上楼"有什么区别？在荷村调研过程中，我们一直有个疑问，村民是否完全"赞同"这档子事儿？难得的是，项目区范围内还真有一户人家没参加这个项目。这是一家养猪户，我们到现场走访时询问情况，得到的回答是项目挺好，但还想再观察一段时间。户主精明能干，除了养猪，还承包点农村建筑工程。他去过周边市县给人盖房子，也知道适度集中居住后生活条件的改善情况。能否允许不同意见的人拥有"不参与"的权利，直接回应的是有

---

① 周鸿德长期在双流、温江工作，接触更多的是农村业务（伴随着成都不断外扩，这两个地方如今已是这个特大城市的主城区了），2001年开始担任市房管局局长，对城乡产权差别有深刻体会。参见周其仁：《城乡中国》，中信出版社2017年版，第186—190页；鸿德：《产权的秘密》，成都时代出版社2009年版。

没有违背农民意愿搞"强制上楼"。更进一步看，这份权利得到尊重和表达，考验的是强制力行使的方式和边界，也是清晰而稳固的产权关系能否建立起来的关键，兹事体大！

第二个问题，是以"增减挂钩"为基础的城乡改革是否恶化了收入分配格局，造成新的不公平。有观点认为，农民在这个过程中只是被动的"资源提供者"，在城镇化过程中自身利益得不到有力保障。如何看待这一观点呢？城乡差距是我国国民经济发展中的三大差距之一，从城乡居民收入差距及其变动趋势可以洞察一个地方的城乡发展格局。自2007年获批全国统筹城乡综合配套改革试验区以来，成都与重庆的城乡居民收入比分别从2.63∶1和3.91∶1，显著下降到2020年的1.84∶1和2.45∶1，这个下降幅度在全国大中城市中居于前列。截至2021年底，成都、重庆两家农村交易所累计交易额超过2000亿元，改善了超过百万户农民的生产生活。随着人口向中心城市集聚，农村建设用地流转（包含退出）增加了农民的财产性收入，为他们更好地融入城市提供资金支持，也为城市资本入乡发展畅通渠道。值得注意的是，成渝探索形成的建设用地指标跨地区流转，为脱贫攻坚筹措资金方面提供了坚实的保障。据统计，自2015年底开展脱贫攻坚以来，土地增减挂指标跨省域调剂和省域内流转资金4400多亿元，相当于同期中央、省、市县财政专项扶贫资金累计投入的 27.5% [1]。

第三个问题，农民只看眼前的利益，没有长远的考虑，一下子给那么多钱，拿去"非理性"开销，就失去了生活所依。持有这个说法的人不少，而且这种案例一旦发生，很容易形成媒体热炒的题材。首先我们要承认，突然之间拿到一大笔钱而控制不住自己，去买酒喝、赌博、买豪车等，这种现象是有的。但是如果按照这个逻辑推演，城里人拿到房产证也很危险，他们一旦"非理性"起来，后果同样很严重。跟着的问题是，如果农民"进城失败"又无法退回农村怎么办？事实上，真正影响进城农民福利的，是在城市里稳定的就业和公共服务，让他们融入城市。与此同时，要完善农村社保体系，补齐制度短板，彻底解决农民的后顾之忧。

持续跟踪

机缘巧合，2014 年 7 月，我入职中国城市和小城镇改革发展中心。虽然工作的内容与在学校期间所学的知识相关度很高，但工作方式、思维方式和写作方式却相差甚远。我花了两年多时间学习，才慢慢调适过来，这期间似

---

[1] 引自习近平总书记《在全国脱贫攻坚总结表彰大会上的讲话》，2021年 2 月 25 日。

乎又读了一个学位。

我的工作主要是城乡、区域发展方面的制度和政策研究，到各地调研的机会也比较多，接触到的信息和实践经验比在学校时期要丰富。但我心里还是老想着成都（以及重庆）的情况，统筹城乡改革有什么新的探索和进展，遇到哪些问题，哪里冒出了新经验，哪些经验具备上升为国家层面政策的条件，哪些需要在政策法律层面有所突破，以及哪些地方来学习经验，有没有自发扩散的案例，等等。但凡有成渝相关的研究课题或项目，我都尽量争取机会参与。我在其他地方的调查研究以及参与相关的文件工作，都会把成都的改革经验带出来，在交流中深化彼此之间对改革前沿问题的认识，希望把经由实践验证行得通的经验在更大范围内推广。

2015年下半年，国家发改委体改司委托周老师做成都、重庆全国统筹城乡综合配套改革试验区评估。我当时参加了这个评估调研和报告写作，记得当时周老师带着"土地组"成员反复讨论，持续跟踪多年后，哪些是具有全局意义和价值的经验，最终留下"确权不可逾越""市场化流转是关键""创新城乡基层治理机制""降低落户门槛、敞开城市大门"以及"分步实现基本公共服务均等化"这几条。我负责的专题是市场化流转，跟着看下来，虽然困难重重，但两地土地交易所的数据显示，不管是建设用地入市还是指标（"地票"）交易，都还有所增长。

2019 年 5 月，中共中央、国务院印发了《关于建立健全城乡融合发展体制机制和政策体系的意见》，提出"选择有一定基础的市县两级设立国家城乡融合发展试验区"。四川成都西部片区（以下简称"成都试验区"）和重庆西部片区入选其中①。成都市发改委委托我所在的工作单位编制试验区改革方案，我主持了该方案的编制工作，借此机会，又一次系统回顾了成都这些年的城乡改革发展历程。

与国家层面的政策文件相比②，成都试验区聚焦在建立城乡有序流动的人口迁徙制度、建立农村集体经营性建设用地入市制度、完善农村产权抵押担保权能、搭建城乡产业协同发展平台、建立生态产品价值实现机制。重点任务的制定，充分考虑了成都试验区前期已有的改革发展基础，面向未来提出了改革发展方向。五大任务中，有两项任务与集体建设用地流转有关③。

---

① 成都西部片区范围包括成都市下辖的温江区、郫都区、彭州市、都江堰市、崇州市、邛崃市、大邑县、蒲江县等 8 个区（市）县。重庆西部片区包括重庆市下辖的荣昌区、潼南区、大足区、合川区、铜梁区、永川区、璧山区、江津区、巴南区。

② 国家层面的试验政策较为全面，包括建立健全有利于城乡要素合理配置、城乡基本公共服务普惠共享、城乡基础设施一体化发展、乡村经济多元化发展、农民收入持续增长等的体制机制等方面。

③ 具体内容为：在建立农村集体经营性建设用地入市制度方面提出，在符合国土空间规划、用途管制和依法取得、确权登记的前提下，推进

2021年2月，国家发改委办公厅印发《关于国家城乡融合发展试验区实施方案的复函》，原则同意试验区方案。要求试验区在改革方法上有创新，在省级权限范围内加强改革授权，适时以地方性法规等方式固化改革成果。我也特别期待成都在新的历程中不断探索，为全国面上的改革积累宝贵经验。

成渝崛起

除了城乡发展之外，近几年我的研究工作还有一块领域，就是区域发展。2012年到2019年，北方GDP占全国的比重从42.8%下降到35.44%。伴随着这个过程，是东北、西北和华北的增速下降以及西南地区的迅速崛

集体经营性建设用地就地入市或异地调整入市，其使用权的出让及最高年限、转让、互换、出资、赠与、抵押等，参照同类用途的国有建设用地执行，把握好入市的规模与节奏；允许农民集体妥善处理产权和补偿关系后，依法收回农民自愿退出的闲置宅基地、废弃的集体公益性建设用地使用权，按照国土空间规划确定的经营性用途入市；推进集体经营性建设用地使用权和地上建筑物所有权房地一体、分割转让；建立集体经营性建设用地使用权转让、出租、抵押二级市场。

在完善农村产权抵押担保权能方面提出，推进农村集体经营性建设用地使用权、集体林权等抵押融资以及承包地经营权、集体资产股权等担保融资；在深化农村宅基地制度改革试点地区探索农民住房财产权、宅基地使用权抵押贷款；推进已入市集体经营性建设用地与国有建设用地在资本市场同地同权，健全农业信贷担保机构。

起。2014—2019 年，成渝城市群 ① 经济总量从 3.76 万亿增长到 6.6 万亿，增长近七成，占全国比重从 5.9% 上升到 6.57%，上升 0.67 个百分点；常住人口增量超过 500 万人，人口规模超过德国，经济总量超过荷兰，成渝城市群作为中国区域经济"第四极"呼之欲出。

2016 年 4 月，国务院批复印发《成渝城市群发展规划》。2019 年，我所在的单位承担了有关部门委托的课题"成渝城市群发展中期评估"以及"成渝城市群一体化发展上升为国家战略研究"。这两个课题的调研和报告写作，涉及区域经济社会发展的方方面面，我则是聚焦在城乡改革对区域经济发展的带动作用上。

2020 年 1 月 3 日，中央财经委员会第六次会议研究要推动成渝地区双城经济圈建设，在西部形成高质量发展的重要增长极。2020 年 10 月 16 日，中央政治局召开会议，审议通过了《成渝地区双城经济圈建设规划纲要》。此间正值新型冠状病毒肆虐，出行严重受限，我参加了《规划纲要》的相关工作，但也只能是在家里或者单位工作。在这过程中，我时常想起了过去近十年时间里，每年跑成渝地区调研的场景。

除了成渝城市群发展规划评估和新一轮规划纲要相

---

① 成渝城市群包含重庆市 27 个区（县）和开州、云阳的部分地区，以及四川省 15 个地市，总面积 18.5 万平方公里。具体参阅《成渝城市群发展规划》。

关工作之外，这些年我也很荣幸借助单位这个平台，接触了成渝地区大量的研究课题，比如以产业功能区为载体加快新型城镇化进程研究（成都市）、公园城市对市民生活品质的影响研究（成都市）、成都市双流区创新驱动战略规划、崇州市现代农业功能区发展研究、都江堰投融资体制改革研究、绵阳市涪城区江河流域生态综合治理项目方案策划、德阳市旌阳区高质量发展战略规划研究、重庆农村土地交易所"十四五"发展战略研究、荣昌区"十四五"规划纲要编制、潼南区"十四五"规划纲要编制、垫江县建设明月山绿色发展示范带核心区总体方案编制等。这些研究课题，涉及区域发展的方方面面，每一个主题都与城乡改革发展有关联，可以从不同角度和领域思考城乡改革发展，让我有了更为立体、系统的理解。

十年回望

从初入田野时的新鲜好奇，到资料爬梳中的茫然无措，再到文稿写作的来回删改，以及参加工作后的疲于应付，始终有几个问题牵绊着我。问号挥之不去却在相当长时间里得不到答案，这种煎熬如今想来也是历历在目。比如，成都的城乡改革全貌是什么样的？从微观动机到宏观现象，中间过程如何传导？成都探索的经验，其他地方能否顺利落地（对于所谓成功经验的推广，南橘北枳的结果所在多有）？集体建设用地自主流转，除了在收益分配上与政府主导的流转模式不同，对于财政体制的变革会有什么影响（毕竟这涉及政府收入来源的重大调整）？我真想抓着自己的头发飞起来，用"上帝之眼"看看所做的研究，熟悉而又陌生的场景究竟蕴含着何种道理。

回头看，我的博士论文从成本收益的角度去分析各类主体的行为选择及其约束条件，这个框架很清楚。但是我越来越感觉到，这里的成本和收益远远不只是体现在账本上的数字。借用张五常对欧文·费雪"收入是一连串事件"的精彩解释——"果树会结果，农地有收成，结果与收成都是收入。然而，这收入可不是在果熟或稻熟时才得到的。果树或农作物每天都在变，不停地变，而每一小变都是收入（或负收入），所以收入是一连串的事件了。"[1]从这个意义上看，参与改革过程的各利益相关方的成本和收益，是个动态的概念，"是川流，有时间性"[2]。今天看起来是收益，明天就是成本了，今天的成本可能是构成明天之收益不可或缺的部分；不同角度看，成本和收益可能置换，正所谓"汝之蜜糖，彼之砒霜"是也；不同层级政府看，成本和收益的含义又会有变化。对于这些问题的深

---

[1] 张五常：《经济解释（二〇一四合订本）》，中信出版社 2014 年版，第254 页。

[2] 张五常：《经济解释（二〇一四合订本）》，中信出版社 2014 年版，第254 页。

究，我还远没有做到位，期待日后还有机会能够再深入去看。

时隔经年，回首从求学到工作这段时光，内心充满了感恩、感激。如果没有刘老师和周老师提供的调研机会，也就不会有本书所开展的研究工作。刘老师和周老师都注重调查研究，以及实践经验与理论探讨之间来来回回。这不断提醒我，不能停留在政策文本表面，而是要深入去看实施过程与影响，前后左右对照着看。能够追随两位老师做研究，是我极大的荣幸。博士在读期间的调研经历，不仅在研究领域方面与我目前的工作近乎无缝对接；更为重要的是，给予我思考问题的本底，也让我热爱调研和写作过程。

感谢马戎、邱泽奇、郭志刚、张静、朱晓阳、周飞舟、刘能、李康、方文以及沈原、周雪光、折晓叶、李路路、林毅夫、张晓波诸师长的教导提点，老师们执着求真的学风让我折服，也让我在研究中须臾不敢松懈。

感谢胡水金、阳通炳、孙从发、郭建平、赵浩宇、何劲松、曾敏、黄小兰、姚树荣、唐鹏程、胡林、王成龙、黄玉蛟、秦代红、罗川、邓军、黄强、邓睿、淳光华、黄顺友、刘礼等为我的调研提供便利和支持，你们是城乡改革的英雄，与你们合作完成研究是我的荣幸。

感谢刘玉照、王水雄、何蓉、李国武、曹正汉、李璐、刘敏、王勇、蒲宇飞、孙力强、严俊、艾云、王维、冯猛、柳在润、曹政、胡倩影、齐文、练宏、史普原、刘万顺、向静林、张践祚、翟宇航、张树沁、丁骎骎、杜官磊等同门师兄师弟师姐师妹，你们在不同阶段对我的思考和写作提出诸多建议和挑战，读书会曾是一周中最值得期待的时刻，北大出版社4楼社会学与人类学研究所会议室，理科5号楼2楼各小会议室及老师办公室，北大深圳研究生院C楼会议室，还有毕业工作以后，人民大学社会学系会议室，中央财经大学中财大厦10楼会议室，中商大厦8楼小会议室以及老师家里，这些地方都留下了我们读书讨论的记忆，这个知识共同体对我的滋养让我终身受益。

感谢黄跃、路乾、薛兆丰、李力行、王敏、徐建国、聂卓，我们在"土地组"里跟着周老师学习，之后又在不同的场景里推动共同的事业，让我深深感受到"路虽远行则将至，事虽难做则必成"。感谢我工作单位的领导和同事，你们对我研究的支持和近乎纵容的宽容，让我得以享受政策研究的乐趣。我是天生愚钝，加上学艺不精，经常觉得自己浪费了大好的机会，没有做出与之相匹配的成果，未来唯有加倍努力。

感谢本书的责任编辑杨瑞勇老师，从篇章结构安排到文字表述推敲，杨老师提出了诸多建议，他严谨的作风和善意的提醒，让本书的修订得以顺利推进。

在很长一段时间里，我一心向往象牙塔生活，做梦都想着自己一辈子就在学校待着做"纯粹的"研究。万万没有想到，我的工作是要写策论、提建议。行笔至此，不由自主地想起了父亲。他是一名乡村"赤脚医生"，在缺医少药的年头，方圆十里的乡民都来找他求药问诊。父亲对几乎每个病人的脾气秉性、生活习惯、遗传因素都了如指掌，这些也构成中西医结合这种独特诊疗方式的重要诊断依据。最为重要的是，他下笔开药方却需要相当精准到位，丝毫不得有差池。

我突然觉察到，自己的工作，某种意义上是在"发现良医"。正所谓药方万万千，但《千金要方》《本草纲目》难得。我就是走在一条不断探寻的路上，将他们探索并经由实践证明有效、可行、低成本且受益面广的药方呈现出来。父亲离开我已经 22 年了，今天我意识到身上带着这份天职基因，唯有感恩，竭诚守道，不辱使命。

2021 年 12 月 30 日
于北京木樨地北里

责任编辑：杨瑞勇
封面设计：徐　晖
责任校对：吕　飞

图书在版编目（CIP）数据

土地的分利流转：以蓉城的改革试验为例/张惠强　著.—北京：
　人民出版社，2022.2
ISBN 978 - 7 - 01 - 024511 - 9

I.①土…　II.①张…　III.①农村－土地流转－研究－成都
　IV.① F321.1

中国版本图书馆 CIP 数据核字（2022）第 018595 号

土地的分利流转
TUDI DE FENLI LIUZHUAN
——以蓉城的改革试验为例

张惠强 · 著

人 民 出 版 社 出版发行
（100706　北京市东城区隆福寺街 99 号）

中煤（北京）印务有限公司印刷　新华书店经销

2022 年 2 月第 1 版　2022 年 2 月北京第 1 次印刷
开本：850 毫米 ×1168 毫米 1/32　印张：8.125
字数：150 千字

ISBN 978 - 7 - 01 - 024511 - 9　定价：58.00 元

邮购地址 100706　北京市东城区隆福寺街 99 号
人民东方图书销售中心　电话（010）65250042　65289539